Ulrike Richter

Lebensmittel schonend zubereiten

D1874608

aethera®

die heilenden Kräfte im Menschen stärken,
die Bildung des eigenständigen Urteils unterstützen,
die Initiativbereitschaft von Patienten und Verbrauchern fördern.

An der Herausgabe des aethera-Programmes wirken mit:
der Verein für Anthroposophisches Heilwesen,
die Heilmittelfirma Weleda, die Gesellschaft Anthroposophischer Ärzte
und die Medizinische Sektion am Goetheanum.

Über dieses Buch:
«Selbst machen» ist das Motto dieses praktischen Ernährungsratgebers. Dabei zeigt die Autorin, dass es gar nicht so schwer und zeitaufwendig ist, Getreide weiterzuverarbeiten, Jogurt und Käse herzustellen oder Eis selbst zu machen. Und für die Ernährung die gesündeste Alternative!

Für eine ökologisch orientierte Küche stellt dieses Buch die wichtigsten Geräte vor, es beschreibt schonende Zubereitungsarten für eine vollwertige Ernährung und bietet viele grundlegende und schmackhafte Rezepte.

Die Autorin:
Ulrike Richter, Diplomsoziologin, 36 Jahre alt und Mutter von drei Töchtern. Sie arbeitete elf Jahre lang als Chefredakteurin der Kundenzeitschrift *MAHLZEIT!* Themenschwerpunkte: Vollwertkost und Verarbeitung ökologisch produzierter Lebensmittel.

Ulrike Richter lebt in einem Dorf in Niedersachsen, 10 km von der nächsten Kreisstadt entfernt. Diese Abgeschiedenheit, ihre immer aktuellen Recherchen und schließlich die Wissbegier ihrer Kinder führten dazu, dass inzwischen ihre ganze Familie eine Vielfalt an Lebensmitteln selbst herstellt.

Ulrike Richter

Lebensmittel schonend zubereiten

Ein praktischer Ernährungsratgeber

aethera®

Wichtiger Hinweis: Sämtliche Angaben und Empfehlungen in diesem Buch wurden mit größter Sorgfalt überprüft und in Übereinstimmung mit dem neusten Wissensstand erarbeitet. Die Nennung von Handelsnamen oder Warenbezeichnungen geschieht im Rahmen der allgemeinen Pressefreiheit ohne Rücksicht auf Erzeugerinteressen; eine Werbeabsicht ist damit keinesfalls verbunden.

Für Fragen an den Verlag oder den Autor benutzen Sie bitte die dem Buch beiliegende Antwortkarte.

1. Auflage 1999
aethera im Verlag Freies Geistesleben & Urachhaus GmbH
Landhausstr. 82, 70190 Stuttgart
Internet: www.aethera.de
ISBN 3-7725-5005-3
© Verlag Freies Geistesleben & Urachhaus GmbH, Stuttgart
Umschlagbild: Wolpert & Strehle, Stuttgart
Druck: Offizin Chr. Scheufele, Stuttgart

Inhalt

Geleitwort

Viele Menschen wissen um die Vorteile einer Vollwerternährung. Täglicher Genuss von Obst, Gemüse, Salaten und Vollkorngetreide sind die Grundlage einer gesundheitsförderlichen Ernährung. Diese Erkenntnisse nutzen aber nur, wenn sie auch in die Praxis umgesetzt werden können. Die mangelnde Zeit und auch das individuelle Können begrenzen eine solche Ernährungspraxis. Viele wissen nicht, wie man Getreide verarbeitet, Jogurt herstellt oder Eis selber macht. Gerade die Zubereitung der Lebensmittel ist ein wichtiger Aspekt der Qualität. Schonende und entwickelnde Zubereitung kann ein künstlerischer Prozess sein, der ein Lebensmittel erst genießbar, zum Verzehr geeignet macht oder ihm einen zusätzlichen Wert verleiht. Belastende oder zu intensive Verarbeitung mindern die Nährstoffe, Vitamine und Aromen und damit auch den Ernährungswert. Insofern ist es wichtig und macht Freude, sich mit der Zubereitung von Lebensmitteln zu beschäftigen.

Während in der konventionellen Ernährungslehre im Wesentlichen die Nähr- und Wirkstoffe als wertgebend für die Lebensmittel angesehen werden, wird das Qualitätsverständnis in der anthroposophisch orientierten und in anderen ganzheitlichen Ernährungsformen weiter gefasst. So geht man neben dem Stoffgehalt von vitalen Kräften aus, die bei allen lebenden Organismen vorhanden sind. Sie sind u.a. für Wachstum, Formgebung und Stoffwechsel verantwortlich. Sie geben den Lebensmitteln eine innere Qualität, die den Menschen im eigentlichen Sinne ernähren. Außerdem spielen beim Tier zusätzliche seelische Kräfte eine Rolle. Die Qualität eines Lebensmittels wird somit neben dem Stofflichen auch von lebendigen und psychischen Grundkräften bzw. ihren Ausprägungen bestimmt.

In der Landwirtschaft wird der erste Schritt zur Optimierung der Anbauqualität und der Erzeugung menschengemäßer Nahrung durch die *biologisch-dynamische Wirtschaftsweise* geleistet. Hier wird auf Mineraldünger und Biozide verzichtet und unter Beachtung kosmischer Rhythmen und Verwendung der biologisch-dynamischen Präparate – einer Art spezieller Heilmittel – produziert.

Die weiteren Stufen der Qualitätsentstehung sind Verarbeitung und Zubereitung. Hier führt der Mensch die Reifungsprozesse der Natur fort und schafft eigentlich «Kulturkost», Lebensmittel, die den speziellen Bedürfnissen der Menschen in ihrer jeweiligen Kultur und Lebenslage gerecht werden. Diese Veredelung im wahrsten Sinne sollte aus dem Lebensmittel – der Frucht, dem Gemüse, dem Getreide oder Fleisch – heraus geschehen. Mit einem Salat muss man schonender umgehen als mit einem Kohlkopf. So sollte die Verarbeitung und auch die Zubereitung dem Lebensmittel gemäß erfolgen.

Die Qualität des verzehrfertigen Lebensmittels setzt sich somit zusammen aus:

- Anbauqualität
- Verarbeitungsqualität
- Zubereitungsqualität

Das Bestreben einer hochwertigen Nahrungserzeugung sollte es sein, dass alle Prozesse der Qualitätsentstehung dem Menschen gemäß sind, das heißt, dass man nährende und genussvolle Lebensmittel für Körper, Psyche und geistige Bedürfnisse erhält.

Dabei sprechen beispielsweise stark aromatische Lebensmittel wie Gebratenes, Geröstetes verstärkt den Genuss an, Gekochtes und Gequollenes, z.B. Breie, steigern mehr die Verträglichkeit und Bekömmlichkeit.

Einige Grundsätze für hochwertige Lebensmittelverarbeitung und -zubereitung lauten:

- Lebensmittel aus ökologischem Anbau verwenden
- auf chemische Zusätze verzichten
- Getreide in vollwertiger Form verwenden
- alternative, vollwertige Süßungsmittel verwenden wie Honig, Agaven-, Ahorn- oder Zuckerrübensirup
- regionale und saisonal reife Lebensmittel besonders bei Obst und Gemüse bevorzugen.

In diesem Buch werden Zubereitungsarten beschrieben, die der Veredelung der Lebensmittel dienen, zugleich aber eine praktische Hilfe darstellen. So ist der Brotbackautomat eine Hilfe für Menschen, die wenig Zeit haben, trotzdem aber ihr vollwertiges Brot zubereiten wollen. Wichtig ist, dass man phantasievoll mit solchen Geräten umgeht sowie die Grundrezepte vielfältig variiert. Diese Anregungen finden sich hier, z.B. die Tipps, wie man den Flocker auch für Gewürze oder den Brotbackautomaten für Pasteten verwenden kann.

Eis kennen viele Menschen nur noch fertig aus der Eisdiele oder dem Lebensmittelgeschäft. Hier wird beschrieben, wie man Eis selbst einfach herstellen kann – mit den Zutaten, die man selber verwenden möchte, ohne unerwünschte Zusätze. Gerade für Kinder ist es in heutiger Zeit eine Bereicherung, wenn sie die Herstellungsprozesse erleben und nachvollziehen, um den Wert von Lebensmitteln erkennen und dieses Wissen später selber anwenden zu können.

Dr. sc. agr. Petra Kühne
Arbeitskreis für Ernährungsforschung e.V.

Der Schlüssel zum Buch

Lebensmittel selbst verarbeiten

Käse, Jogurt oder Kefir selbst machen? Brote backen und Säfte pressen? Als ich vor etwa zwanzig Jahren zum ersten Mal einen Bioladen betrat, wunderte ich mich vor allem über das Angebot der Lebensmittel: Obst und Gemüse kannte ich natürlich vom Markt, aber mit der Vielzahl von Getreidesorten, Saaten und Nusskernen, die maßgeblich das Sortiment bestimmten, konnte ich noch nicht viel anfangen. Schon damals gab es einen Grundbestand an Müslis, Aufstrichen, Ölen und Essigen, dienstags und donnerstags kamen frische Milch, Jogurt in Flaschen und Vollkornbrot hinzu. Davon sollte man tagtäglich leben? Verglichen mit einem Supermarkt war der Bioladen ein winziger Verkaufsraum, doch bei näherer Betrachtung boten diese wenigen Quadratmeter ein breiteres Spektrum an Lebensmitteln als jeder Discounter auf seiner gewaltigen Fläche. Einziger Unterschied: *Man musste die Lebensmittel selbst verarbeiten – vom Mahlen des Getreides bis zum schonenden Verarbeiten von Obst zu frischen Aufstrichen oder Säften.*

Auch heute werden Kunden im Naturkostladen selbstverständlich beraten, wenn sie vor dem großen Getreidesortiment und all den Naturprodukten so ratlos verharren wie ich vor zwanzig Jahren. Inzwischen sind aber viele Kochbücher über Vollwerternährung erschienen – der Buchweizenpfannkuchen ist nicht mehr nur in osteuropäischen Familien eine beliebte Delikatesse.

Der zweifelhafte Wert von Fertiggerichten

Während sich die Verbraucher einerseits mehr in Richtung Vollwertkost orientierten, schwappte andererseits die Fastfood-Welle in den Natur- und Reformkosthandel über. Burgermischungen sind keine Seltenheit – inzwischen werden auch im Bioladen Suppen, Müslimischungen und Fertiggerichte in Tüte, Glas oder Dose präsentiert. Nach langen Diskussionen hat sich der Naturkosthandel auf ein breites Angebot eingelassen. Auch das Grundangebot an Getreidesorten, Samen und Saaten ist enorm gewachsen, ebenso wie das der Frischwaren. Der Speisezettel für Menschen, die Vollwertkost bevorzugen, war noch nie so lang und abwechslungsreich wie heute. Die Pioniere der Vollwertkost pflanzten ihren Wunsch auf breitem Acker: «Naturkost für alle» war der Slogan. Die Saat geht auf, doch – wie gesagt – nicht immer im Sinne von Ernährungsexperten.

Schnell, praktisch, gesund?

Wer hat es heute nicht eilig? Das Verhältnis zur Zeit spiegelt sich im Ernährungsverhalten wider. Die Gastronomie blüht, und Fertigprodukte erobern den Markt. Nichts geht einfacher und schneller als das Öffnen einer Dose; kurz erwärmen – und fertig ist das Mittagessen. Für das Frühstück gibt es immer mehr Fertigmüslis von teils schlechter Qualität, der Packungsinhalt wird einfach in den Teller gekippt und mit Milch übergossen. Und abends ...?

Ein Essen frisch zuzubereiten erfordert zugegeben etwas mehr Zeit – genau die Zeit, die man braucht, um das Gemüse zu zerteilen, kurz zu blanchieren, abzuschmecken, mit flugs gequetschten Haferflocken aufzukochen und einem Schuss Sahne abzurunden. Kommt es tatsächlich auf diese wenigen Minuten an, oder ist es einfach Bequemlichkeit, eine reine Angewohnheit und mangelnde Routine, die uns zur Dose greifen lassen? Wer das Angebot an Naturprodukten kennt und einige Grundgeräte zur Verarbeitung frischer Lebensmittel besitzt, kann auf Fastfood dankend verzichten.

Fastfood? Nein danke!

- Die Dose oder Tüte ist teurer, erspart kaum Zeit und schafft Müll.
- Industrielle Nahrung kann nie frisch sein – schließlich muss sie lang haltbar sein.
- Großküchen – sowohl für die Gastronomie als auch für die Lebensmittelverarbeitung des Handels – können keine Geschmacksvielfalt bieten, denn die Produkte sollen schließlich vielen Menschen munden.
- Eine Speise, die für Massen gefertigt ist, muss zuverlässig und gleichbleibend ihren Geschmack garantieren – unabhängig von saisonal bedingten Qualitätsunterschieden der Zutaten oder gar von Ernteperioden.

Unter hohem Energieaufwand – bei Transport, Konservierung, Verarbeitung und Lagerung – werden auf diese Weise konforme Speisen geschaffen: Gerichte, die bei oberflächlichem Genuss den Sinnen gefällig, aber ohne jedes Geschmacksspektrum sind und keine tiefe Freude bereiten können.

Biofertigprodukte wie Burger- oder Teigmischungen sind zwar hinsichtlich der Anbau- und Verarbeitungsweise sowie der sorgfältigen Auswahl der Zutaten vorbildlich, doch bleiben sie Fertiggerichte und büßen Geschmack und Vollwertigkeit ein. Ein Mehl, das tagelang gelagert wird, kann nicht mehr als frisch bezeichnet werden. Wertvolle Inhalts- und Geschmacksstoffe haben unter dem Einfluss von Sauerstoff und Licht gelitten.

Wichtige Haushaltsgeräte für die Vollwerternährung

Fertigprodukte sind also nur scheinbar praktisch. Mit wenigen Haushaltsgeräten ist es dagegen möglich, schnell und einfach vollwertige Nahrungsmittel selber zu verarbeiten und zuzubereiten. Eine Mühle und eine Quetsche sorgen jederzeit für frisches Mehl und Flocken, die zu Suppen, Bratlingen und Soßen, Baby-Breien, Brot und Kuchen verarbeitet werden können. Die in diesem Buch beschriebene Saftpresse presst nicht nur Säfte und Elixiere schonend, der Motor ist auch stark genug, um Nussmuse zu quetschen oder Nudeln aus frischem Mehl herzustellen. Der dabei anfallende Trester dient zum Andicken von Soßen oder als Grundlage für Eisspezialitäten.

Schonende Zubereitung

Das Kochen selbst bleibt natürlich ein wichtiger Aspekt bei der Nahrungsbereitung. Schonend und vitalstoffreich garen heißt die Devise für eine gesunde Ernährung, denn Vitamine und Enzyme sollen beim Garvorgang möglichst erhalten bleiben. Die *Reifungsprozesse* spielen hier eine wichtige Rolle. Oft werden sie beim herkömmlichen Kochen nicht genügend berücksichtigt; das Gemüse wird zerkocht. Die anthroposophische Ernährungslehre empfiehlt daher, die Reifungsprozesse zu Ende zu bringen. Diese Form der Kochkunst kennt man auch von der guten asiatischen Küche. Sojabohnensprossen, Kohlrabi, Paprika und Möhren werden zunächst zerteilt und dann so erhitzt, dass sie eine optimale Verdaulichkeit erhalten und dennoch knackig frisch und vitaminreich bleiben. Eine Pfanne besitzt jeder Haushalt, und der asiatische Wok wird auch immer beliebter. Schnelles Erhitzen in siedendem Fett ist die Kunst dabei. Eine andere Technik ist es, die Speisen mit sehr niedrigen Temperaturen zu garen. Bei beiden Methoden verlassen wir das uns vertraute und traditionelle Verständnis von Nahrungsbereitung und richten uns beim Kochvorgang nach der Zeit, die ein Gericht zur Garung braucht.

«Zeit sparen» beim Kochen?

Zeit – eine Dimension, die gerade beim Herstellen von Speisen eine so überaus große Rolle spielt. Denn ist es nicht gerade der Aspekt, «keine Zeit zu haben», der uns zu Fertigprodukten greifen lässt? Es gibt Alternativen, Zeit zu «sparen» – sie werden hier in Form verschiedener Gar- bzw. Backgeräte vorgestellt. Die Bereitung bekömmlicher Speisen geschieht entweder geschwind, in wenigen Minuten, wie beim Wok, oder ohne unser Beisein am Herd, wie bei der Tajine, dem Römertopf oder dem Backautomaten.

Der Mensch lebt nicht von Brot allein …

Einer der Hauptgründe, weshalb ich mich intensiv um die Zubereitung natürlicher Lebensmittel bemühte, war die Geburt meiner Kinder. Gesund kann man leben, indem man gesunde Lebensmittel kauft. Aber Kinder sind auch neugierig. «Woraus ist Käse?», kann eine solche Schlüsselfrage sein. Die beste Antwort ist, den Käse selbst zu machen. Wer Lebensmittel eigenhändig herstellt, geht den Dingen auf den Grund. Wir gingen also zum Bauern und kauften unsere tägliche Milch. Die Kinder sahen beim Melken zu, spielten im Stroh mit den jungen Katzen und gingen glücklich mit der Milch nach Hause, die bei uns dann weiterverarbeitet wurde. Jogurt, Butter, Sahne und Käse sind den Kindern seither vertraute Lebensmittel. Sie wissen, dass ein Frischkäse über Nacht reift und dass man Sahne nur lang genug schlagen muss, um eine gute Butter zu erhalten. Viele der notwendigen und sehr einfachen Handgriffe können meine Kinder inzwischen selbst erledigen – sie sind in der Lage, Müsli, Jogurt und sogar Käse fast allein herzustellen, denn alle dabei anfallenden Arbeiten sind im wahrsten Sinne des Wortes kinderleicht.

Gesundheit ist *ein* Aspekt bei der Nahrungszubereitung, Genuss ein anderer. Jeder kennt den berechtigten Wunsch nach Süßspeisen und Eis. Und wer will schon mit mahnendem Zeigefinger ständig dieses Bedürfnis verwehren? Eis, Gebäck, Süßspeisen und

Gelüste auf gesunde Weise befriedigen

Nudeln gehören zu den Lieblingsspeisen aller kleinen und großen Kinder. Wer es versteht, diese Gelüste auf gesunde Weise zu befriedigen, hat zwei Fliegen mit einer Klappe geschlagen. Ja, eigentlich sogar drei: Denn wenn wir Getreide, Obst, Gemüse und Milch selbst zu Lebensmitteln verarbeiten, kommen wir direkt an die Ursprünge der natürlichen und traditionellen Lebensmittelverarbeitung. Viele Kinder wissen kaum mehr, wie eine Kuh in natura aussieht. Wer die Milch beim Bauern kauft, erfährt viel über die Landwirtschaft. Wenn heute über ökologischen Landbau und artgerechte Tierhaltung diskutiert wird, so bietet sich hier eine gute Gelegenheit zur realistischen Beurteilung der Situation.

Essen in geselliger Runde

Bei meiner Suche nach neuen Ideen kam mir die traditionelle Verarbeitung von Lebensmitteln wieder zu Bewusstsein. Und kaum hatte ich angefangen, auf diese Weise zu kochen und verschiedene Techniken auszuprobieren, zeigte sich ein weiterer Vorteil: Plötzlich saß die ganze Familie glücklich vereint um den Tisch, Freunde und Nachbarn gesellten sich hinzu, und alle wollten beispielsweise die neue Käsepresse mit einweihen. Mit Rat und Tat trug jeder zum Ergebnis bei, und es wurde ein herrlicher Abend ... Die Zubereitung von Speisen ist eine optimale Gelegenheit, Geselligkeit zu pflegen. Eine weitere ist das gemeinsame Essen!

Vielleicht fehlt jetzt nur noch der Gang in ein Museum, damit Ihre Kinder – und natürlich auch Sie selbst – staunen können, unter welchen Mühen unsere Vorfahren all die verschiedenen Arbeitsschritte ohne moderne Mittel verrichten mussten.

Ulrike Richter

Der Bach ist dem Müller befreundet, dem er nützt, und er stürzt gern über die Räder; was hilft es ihm, gleichgültig durchs Tal hinzuschleichen?

Johann Wolfgang von Goethe

Getreidemühlen: Jeder sein eigener Müller

Wenn Sie noch keine Getreidemühle besitzen, werden Sie vielleicht dennoch diese Anschaffung schon gelegentlich ins Auge gefasst haben. Warum? Wer eine Mühle besitzt, ist unabhängig. Man kann fast jedes Getreide in Mehl oder Grieß verwandeln. Sicher – inzwischen gibt es jedes Vollkornprodukt in kontrolliert biologischer Form. Fertig und schön abgepackt findet man im Handel jedes Mehl, Grieß und Soßen, Nudeln, Brote und Honigkuchen, gemahlene Gewürze und gut aufgeschlossene, feinst vermahlene Getreidebabybreie. Und für den kleinen Frischkornbrei oder für etwas Mehl für die Soße reicht tatsächlich Omas Kaffeemühle. Aber wie wäre es, die nächste Pizza einmal aus frisch gemahlenem Kamutweizen herzustellen?

Die Kraft des vollen Korns

Getreide ist für die Ernährung unersetzlich. Etwa 45 Prozent des täglichen Proteinbedarfs, zwei Drittel der Kohlenhydrate, neun Prozent des Fetts, 40 Prozent des Bedarfs an Vitamin B_1 (Nervenvitamin), viele andere wichtige Vitamine und Mineralstoffe sowie verdauungsregulierende Ballaststoffe werden mit dem vollen Korn aufgenommen. Bis in die jüngere Geschichte hinein aß der Mensch unseres Kulturkreises täglich Vollkornprodukte. Doch der französische Adel setzte im 16. Jahrhundert neue Maßstäbe. Das so genannte «Herrenbrot» wurde aus sehr hellem, feinstem Mehl gebacken. Im Gefolge der Französischen Revolution verlangte auch das Volk nach Herrenbrot. Der Weizen verdrängte den Roggen, das Vollkornmehl wurde durch immer hellere Auszugsmehle ersetzt. Die Industrialisierung brachte schließlich die verbesserte Mühlentechnik, mit der es möglich wurde, sehr preiswert Auszugsmehle anzubieten, die nahezu unbegrenzt haltbar sind, denn sie enthalten kaum noch eine andere Substanz als die Stärke aus dem Korninneren.

Vom Vollkornprodukt zum «Herrenbrot»

Die Folgen der sehr drastischen Ernährungsveränderung sind neben sogenannten Wohlstandserkrankungen wie Fettleibigkeit, Diabetes oder Darmträgheit wahrscheinlich auch die Deformierung des Gebisses und des Knochenbaus. Der Zahnarzt Weston A. Price beschrieb bereits in seinem 1945 erschienen Werk *Nutrition and Physical Degeneration*, wie sich Zahngesundheit und Kieferanomalien bei Naturvölkern mit der Einführung der so genannten Zivilisationskost auffällig veränderten. Nicht nur die amerikanische «Price-Pottenger Nutrition Foundation» in San Diego, sondern hierzulande unter anderen auch bekannte anthroposophische Ernährungswissenschaftler wie der inzwischen verstorbene Udo Renzenbrink, Dr. Petra Kühne und Mitarbeiter aus dem Arbeitskreis für Ernährungsforschung wiesen auf die Folgen der Zivilisationskost hin.

Das volle Korn als wichtigster Bestandteil einer vollwertigen Ernährung wurde mit der Naturkostbewegung Ende der 70er Jahre wieder entdeckt. Mit dem gewachsenen Gesundheitsbewusstsein findet man in vielen Verkaufsregalen aller Lebensmittelanbieter zunehmend Vollkornprodukte. Doch leider können Laien kaum ein wirklich gutes Produkt von einem mit Malzcouleur gefärbten so genannten «Vitalbrot» unterscheiden.

Die Getreidemühle – unersetzlich für die Vollwertküche

Eine Getreidemühle ist eines der wichtigsten Küchengeräte unserer Zeit, denn mit einer solchen Mühle kann man jederzeit frisches Getreidemehl oder -schrot herstellen. Das ist umso interessanter, wenn man berücksichtigt, dass frisches Vollkornmehl – im Gegensatz zu seinem «weißen Bruder» – relativ schnell unter dem Einfluss von Sauerstoff und Licht an Qualität einbüßt. Vor allem die Vitamine, die ungesättigten Fettsäuren und die Aromastoffe sind betroffen. Frisches, unbehandeltes Vollkornmehl kann binnen vierzehn Tagen ranzig werden. Wer also gerne und viel mit Vollkornmehl kochen und backen möchte, wer gleichzeitig von den ernährungsrelevanten Vorteilen profitieren möchte, sollte sich eine Getreidemühle anschaffen. Auch die Lagerung – nämlich als volles Korn – wird damit preiswerter und einfacher. Getreide ist ohne wesentliche Qualitätsverluste gut ein Jahr lang lagerbar.

Die Lagerung von Getreide

Trocken, luftig und kühl sollte Getreide lagern, dann bleibt es lange haltbar. Trockene, kühle Vorratsräume sind aber in den modernen Häusern rar geworden. Daher sollten Vorratsbehälter gewählt werden, die vor Schädlingsbefall schützen – hier eignen sich vor allem Glas und dichtes Gewebe aus Naturmaterial (Baumwolle, Leinen, Hanf) – und zugleich für eine gute Klimatisierung sorgen. Ein Glasbehälter sollte folglich einen offenporigen Deckel besitzen, z.B. aus Kork. Es gibt im Handel einige optisch interessante Getreidespeicher, die dank Glasscheiben einen Einblick in die Körnerwelt erlauben. Denn vor Kornkäfern und anderen Schädlingen schützt kein Behälter, man schleppt die Tierchen in der Regel mit dem Kauf ein. Regelmäßiges Schütteln oder bei geringem Befall das Einfrieren der Vorräte sorgt für guten Schutz.

Getreidesorten

Weizen:

Weizen ist eine unserer ältesten Kulturpflanzen, wird heute weltweit angebaut und ist zu jeder Jahreszeit als frische Ernte aus irgendeinem Winkel der Erde erhältlich. Weizen, auch als Weichweizen bezeichnet, enthält viel Klebereiweiß und ist damit sehr gut für alle Backwaren geeignet.

Dinkel:

Die Urweizenform ist ein Spelzweizen – Dinkel. Der Spelz umschließt das Korn und ist hart und unverdaulich. Er muss vor dem Genuss entfernt werden. Dieser zusätzliche Prozess des Entspelzens führte dazu, dass Dinkel viele Jahre lang als ein vom Aussterben bedrohtes Urgetreide besonders geschützt werden musste. Doch seine Popularität in der Vollwerternährung erlangte der Dinkel auch, weil er für Weizenallergiker geeignet ist, magenempfindlichen Personen besonders empfohlen wird und weil er einen noch höheren Gehalt an Klebereiweiß aufweist als der heutige Weizen und damit für die Herstellung von allen Backwaren, besonders von Feinbackwerk, besonders geeignet ist.

Grünkern:

Als Grünkern wird Dinkel bezeichnet, wenn er etwa drei Wochen vor der Vollreife geerntet, gedarrt odert gedörrt bzw. mit Heißluft getrocknet wird. Der würzige Geschmack zeichnet die grünlichen Körner aus, die man nun für Suppen, Soßen, Klöße, Bratlinge oder Aufläufe nutzen kann. Auch das ganze Korn kann wie Reis gegart werden und wird als Beilage oder abgekühlt und mit einer würzigen Marinade als delikater, deftiger Salat, am besten mit viel frischem Gemüse (Paprika, Frühlingszwiebeln, Mais, Erbsen, Möhrenstücken, Tomaten und/oder Gurken) genossen. Backwaren, wie Brot oder Brötchen, gibt Grünkern in Kombination mit einem milden Getreide, z.B. Weizen, eine deftige Note.

Der legendäre Grünkernklops

150 g Grünkernschrot (grob) über Nacht in kalter Gemüsebrühe einweichen (Verhältnis 1:2). Klein gehackte frische oder getrocknete Gewürze hinzugeben, z.B. Majoran, Thymian, Estragon. Zwei Knoblauchzehen und eine kleine rote Zwiebel sehr fein hacken und der Masse hinzufügen.
Am nächsten Morgen alles verkneten. Sollte die Masse zu wässrig sein, hilft etwas fein vermahlenes Grünkernmehl oder Flocken aus eingeweichtem Grünkern, möglich ist auch etwas in Wasser aufgeweichtes altes Brot. In den dicken Brei gibt man 1 Teel. Tomatenmark, 1/2 Teel. milden Senf, 1/2 Teel. Curry und 2 Essl. geriebenen Käse (Gouda, Parmesan oder was man vom Frühstück übrig hat). Nun formt man schöne Klopse, wälzt diese in etwas Paniermehl und brät auf sanfter bis mittelhoher Hitze goldbraune Grünkernklopse. Dazu einen würzigen (Knoblauch-)Jogurt und einen frischen Gemüsesaft.

Hartweizen:

Hartweizen wird auch Durumweizen genannt. Er gedeiht vornehmlich in warmen Ländern. Aufgrund seiner zäheren Kleberbeschaffenheit eignet er sich für dünne knusprige Pizzateige oder für die eifreie Nudelherstellung (s. S. 136 u. 138). Ein Brot aus Hartweizen ist ebenfalls ein typisch «italienischer» Genuss, denn selbstverständlich werden auch die italienischen Brote aus diesem Getreide gebacken – Brote mit einer sehr knusprigen Kruste.

Kamut:

Ein antiker Verwandter des heutigen Hartweizens ist das Kamut, es stammt vermutlich aus dem Gebiet, das sich von Ägypten bis zum Euphrat und Tigris erstreckt. Angeblich soll nach dem 2. Weltkrieg ein Pilot der amerikanischen Air Force eine Hand voll Getreide aus einer ägyptischen Grabstätte nahe Dashare in die USA geschmuggelt haben. Fest steht, dass im Jahr 1990 das amerikanische Landwirtschaftsministerium dieses Getreide offiziell als neue Sorte mit dem Namen QK-77 anerkannte. Die Familie Quinn, die nach einem Anbauversuch vom Erfolg dieses einzigartigen Getreides überzeugt war, gab dem Weizen den Namen «Kamut», ein ägyptischer Begriff, der «Seele der Erde» bedeutet. Kamutkörner sind etwa doppelt so groß wie normale Weizenkörner.

Roggen:

Roggen gedeiht auf kargen Böden und in kühlen Gegenden. Auch Roggen enthält Kleber und des weiteren so genannte Pentosane, die ein stärkeres Backtriebmittel nötig machen, um einen lockeren Teig zu erhalten. Der Sauerteig ist hierfür das geeignete Mittel. Übrigens sorgen blaugrüne Farbstoffe in der Schale des Korns für die typische dunkle Roggenfärbung.

Gerste:

Auch die Gerste zählt zu den ältesten Kultursorten. Sie enthält nur wenig Klebereiweiß und kann allein nicht zum Backen verwendet werden. Als Braugerste, Graupenkorn oder Gerstengrütze oder im Bratling ist dieses typisch nordische Getreide allerdings geschätzt.

Hafer:

Auch Hafer ist wie Dinkel und Gerste ein Spelzgetreide und muss vor dem Verzehr entspelzt werden. Nackthafer ist eine Züchtung, bei der sich der Spelz besonders leicht vom Korn löst. Das im Keim enthaltene Öl ist außerordentlich wertvoll. Weiterhin ist Hafer besonders reich an Eiweiß, Mineralstoffen und Vitaminen. Die heilsamen Schleimstoffe machen den Hafer sehr magenfreundlich.

Hirse:

Der «Weizen des Sandes» wird Hirse genannt, das sehr mineralstoffreiche Hauptnahrungsmittel vieler asiatischer und afrikanischer Länder. Aus Hirse kann man wunderbare Fladen backen, und delikat gewürzt und in körniger Brühe gekocht, schmeckt das gelbe Korn auch «Vollkorn-Einsteigern». Zum Backen eignet sich

Hirse weniger, allerdings ergibt sich mit Weizen oder anderen backfähgen Getreidesorten gemischt ein sehr lockerer Teig.

Mais:

Etwa die Hälfte der gesamten Maisernte kommt aus den USA. Der Großteil der weltweiten Maisernte gelangt in die Tierfutterproduktion, nur etwa 3 % werden für die menschliche Nahrung genutzt. Diese speziellen Maissorten sollten aus kontrolliert biologischem Anbau stammen, zumal Mais eine sehr düngeintensive, schnell wachsende Pflanze ist, die einen Großteil der Gülleüberschüsse «schluckt». Aus Maismehl und Grieß lassen sich herrliche Fladen, Grützen und Aufläufe kreieren. Leider gibt es nur wenige Mühlen, mit denen man die festen Körner vermahlen kann (im Handel nachfragen, da die Modelle häufig wechseln). Maismehl und -grieß sind für Weizenallergiker (Zöliakie) verträglich und auch im Naturkostladen erhältlich.

Reis:

Reis ist das Grundnahrungsmittel für nahezu die Hälfte der Weltbevölkerung. Die vielen im Handel erhältlichen Sorten werden meist als Hauptnahrungsmittel mit verschiedenen Beilagen verzehrt. Man kann aus Reismehl dünne Fladen backen oder einen Anteil Reismehl mit anderen klebereiweißhaltigen Getreidesorten zum Backen verwenden. Werden das Silberhäutchen und der Keimling entfernt, erhält man den ernährungsphysiologisch weniger empfehlenswerten weißen Reis.

Amaranth:

Amaranth gehört zur Gattung der Fuchsschwanzgewächse, die hierzulande als Zierpflanzen für den Sommergarten bekannt sind. Im Gegensatz zu den Zierpflanzen wird die Kulturpflanze, die heute in Nordamerika, Peru, Mexiko und Indien angebaut wird, beachtlich groß. Es gibt Sorten, die etwa 2 Meter Höhe erreichen. Die winzigen Samenkörner (ca. 1 mm) des Amaranth sind enorm eiweißintensiv (18 %; Eiweißgehalt beim Weizen: 12 %). Zwei

Drittel des Fettes dieses Korns bestehen aus ungesättigten Fettsäuren (Gesamtfettgehalt ca. 8%). Das ballaststoffreiche Korn hat einen hohen Mineralstoffgehalt. Das Amaranthkorn wird in kontrolliert biologischer Qualität oder als Amaranthpopcorn im Naturkosthandel angeboten. Sowohl das kleine Korn als auch das Popcorn können in der Getreidemühle vermahlen werden. Der pikante Geschmack des feinen Mehls gibt Soßen und Suppen einen besonderen Pfiff. Das gemahlene Popcorn macht Fladen, Pfannkuchen und Brote besonders luftig. Da Klebereiweiße fehlen, kann man Amaranth nicht pur verbacken, sondern mischt es z.B. mit einem guten Backweizen.

Amaranth gepoppt:
Anders als bei heimischen Getreidearten umschließt der Keimling das Amaranthkorn. Dieser relativ große Ring bleibt auch bei der schonenden Aufpoppung unbeschadet. Die wertvollen Inhaltsstoffe bleiben auch nach dem Aufpoppen erhalten.
Wie wird Amaranth gepoppt? Ein Topf oder eine Pfanne mit Deckel wird bei mittlerer oder starker Hitze ohne Fett erwärmt. Man lüftet den Deckel nur kurz, um einen Esslöffel Amaranth in den Topf zu geben. Der Topf wird jetzt sofort von der Herdstelle genommen und kräftig geschwenkt, damit die Körner über den Topfboden geschüttelt werden und nicht anbrennen. Nach ca. 20 Sekunden sind alle Körner aufgeplatzt und können in eine Schüssel gegeben werden. Den Vorgang so lange wiederholen, bis man die gewünschte Menge Amaranthpopcorn erreicht hat. Man kann das Popcorn auch einige Tage lang in einem großen Behälter mit Deckel lagern und z.B. zum Frühstück genießen.
Der Naturkosthandel bietet fertiges Amaranthpopcorn in Tüten an.

Amaranth als Zierpflanze:
Sobald kein Frost mehr zu erwarten ist, gibt man den Amaranthsamen (im Naturkostfachgeschäft erhältlich) in den Boden. Man bedeckt die Körnchen mit 1 cm Erde, die fortan feucht gehalten werden muss. Nach 1 bis 2 Wochen sprießen die Pflänzchen. Wer ein grünes Händchen hat, wird Pflanzenstände von bis zu 2 Metern erwarten können. Die langen Blütenbehänge können bis zu 90 cm lang werden, und man kann sich von Juli bis Ende August an ihrer vollen Pracht erfreuen. Ob es zur Ernte kommt? Wahrscheinlich nicht, denn der hiesige Sommer und die sehr hohe Feuchtigkeit machen aus der Andenpflanze hierzulande eher ein Ziergewächs. Es hat allerdings schon Ernteerfolge gegeben …

Quinoa:

Das aus den Hochanden stammende Quinoakorn ist sehr eiweiß- und mineralstoffintensiv. Es handelt sich um eine Pflanze, die den Reis-Meldegewächsen zugeordnet wird (Chenopodium quinoa). Als Besonderheit enthält Quinoa sogar Vitamin C, daneben die Vitamine B_1, B_2 und E. Das Andenkorn hatte die Bevölkerung der Hochgegebirge lange Zeiten hinweg vor Mangelerkrankungen bewahrt, geriet dann allerdings – nicht zuletzt politischer Interessen wegen – in Vergessenheit. Die spanischen Eroberer verboten den Anbau und Handel mit Quinoa, weil sie die enorme Vitalität der Inkas und den damit verbundenen Widerstand gegen die Eroberer auf den Verzehr der kleinen Samenkörner zurückführten. Heute ist es wieder über den Naturkostfachhandel erhältlich, bei den Einwohnern Lateinamerikas ist dieses Hochebenenkorn allerdings bis heute nicht sehr geschätzt und gilt als Korn der armen Bauern.

Buchweizen:

Buchweizen ist kein Getreide, sondern zählt zu den Knöterichgewächsen. Er liebt karge Böden und wurde traditionell vor allem in Moorgebieten angebaut. Die kleinen dreikantigen Körnchen lassen sich zu einem sehr weichen, luftigen Mehl vermahlen, das man ausgezeichnet für Kuchen, Pfannkuchen und Fladen verwenden kann. Es hat eine gute Bindekraft und kann daher für alle Mehlspeisen oder Soßen genutzt werden. Fehlende Klebereiweiße machen das Backen von Brot mit Buchweizen nur in Verbund mit einem geeigneten Getreide möglich.

Kontrollierte Qualität

Ein gesundes Getreide sollte weitestgehend frei sein von Umweltgiften. Die meisten Gifte werden aber bereits auf dem Acker ausgebracht, z.B. in Form von so genannten Schädlings- oder Unkrautbekämpfungsmitteln. Der kontrolliert biologische Landbau verzichtet auf diese Gifte. Seit 1993 sind die Begriffe «Bio» und «Öko» gesetzlich geschützt. Kontrolliert wird die Ware von unabhängigen Anbaukontrolleuren. Als Auszeichnung erhalten Biobetriebe eine staatliche Kontrollnummer, die man auf der Verpackung findet. Darüber hinaus gibt es ökologische Anbauverbände, die sich noch weiter gehenden Auflagen unterziehen. Der Demeter-Bund in Darmstadt z.B. kennt viele natürliche Präparate aus Heilkräutern und Quarzen, die in kleinsten Mengen ausgebracht das Bodenleben und die Gesundheit der Pflanzen fördern. Bio-Bauern, die sich dem Demeter-Bund angeschlossen haben, dürfen ihre Produkte mit dem Demeter-Zeichen ausweisen. Umstellungsbetriebe verwenden die Kennzeichnung «Biodyn». Der Demeter-Bund ist neben anderen Anbauorganisationen in einem Dachverband organisiert, der Arbeitsgemeinschaft Ökologischer Landbau (AGÖL). Nur wenn die AGÖL einen Anbauverband akzeptiert und anerkennt, darf er seine Produkte über den organisierten Naturkostfachhandel vermarkten. Der Bundesverband Naturkost Naturwaren e.V. (BNN) ist das Dach, unter dem sich Naturkosthersteller und -einzelhändler zusammengeschlossen haben, um die kontrollierte Qualität ihrer Bio-Produkte zu garantieren.

Welche Mühle brauche ich?

Wer einmal eine Getreidemühle hat, will nie wieder ohne sie auskommen. Mit ihrer Hilfe ist es fast ebenso schnell wie mit der Mikrowelle möglich, eine Speise herzustellen – jetzt allerdings als ein vollwertiges, frisches und gesundes Gericht.

Schnelle, preiswerte Vollwertkost

Ein schneller Tipp: Einen Topf mit Wasser auf den Herd stellen, Gemüsebrühe hineingeben, während des Erhitzens Gemüse der Saison zerschneiden, mit einem Lorbeerblatt, Liebstöckel und etwas Curry in den Topf geben und zum Kochen bringen. Nach 2 – 5 Min. den frisch gemahlenen Getreideschrot hineinrühren. Weitere 10 Min. bei schwacher Hitze (beim E-Herd die Restwärme der Kochplatte nutzen) ausquellen lassen, etwas kaltgepresstes Olivenöl hinzufügen und nach Wunsch mit Sojasoße oder Sahne abschmecken. Eine Knoblauchzehe frisch hineinpressen (abhängig vom Geschmack und von gesellschaftlichen Verpflichtungen) – tischfertig!

Mahlwerke

Getreidemühlen werden mit unterschiedlichen Mahlwerken angeboten. Es gibt Mahlwerke aus Naturstein, aus Magnesitstein, aus keramischem Stein, es gibt das Stahlkegel-Mahlwerk und das Keramikscheiben-Mahlwerk. Die Wahl des Mahlwerks richtet sich nach dem individuellen Bedarf und ist auch eine Frage von Material-Sympathie.

Steinmahlwerke zerreiben das Getreide zu weichem, flockigem Mehl, das besonders für die Feinbäckerei und die Herstellung von Babybreien geschätzt wird. *Keramikmahlwerke* sind extrem hart. Hier gibt es keinen Abrieb, und der Verschleiß ist gering. Die Keramikscheiben sind im Gerät fest eingebettet. Das Getreide sollte vor dem Vermahlen aber gut gereinigt werden, da kleine Steine die Keramikscheiben beschädigen können. Der Vorteil von *Stahlkegel-* und *Stahlscheiben-Mahlwerken* besteht darin, dass sie sich herausnehmen lassen – z.B. zum Reinigen.

Mahlwerke aus Stein (oben), Keramik (unten links) und Stahl (unten rechts)

Ölsaaten in der Getreidemühle?

Zum Vermahlen von Ölsaaten ist ein Steinmahlwerk allerdings nicht geeignet. Man löst das Problem am besten, indem man die Ölsaaten mit Getreide vermischt. Stahlkegel-, Stahlscheiben- und Keramikscheiben-Mahlwerke vermahlen dagegen Ölsaaten auch in purer Form, es kommt dabei auf die richtige Einstellung an! Ölsaaten dürfen niemals bei feinster Einstellung vermahlen werden, da sonst akute Staugefahr besteht. Um Verstopfungen vorzubeugen, beherzige man den Rat: So grob wie möglich – so fein wie unbedingt nötig. Außerdem bleibt man am besten in der Nähe und schickt anschließend eine Hand voll hartes Getreide (z.B. Reis) zum Reinigen der Mühle hinterher. *Eine* Getreideart gehört keinesfalls in eine Mühle – der Popcorn-Mais!

Die Reinigung

Wie wird eine Mühle gereinigt? Die Teile werden normalerweise einfach mit einem Pinsel abgestaubt oder einem feuchten Lappen abgerieben. Wurde die Mühle lange Zeit nicht benutzt, muss man sie gründlicher warten: auseinander nehmen und die Einzelteile säubern. Mit Wasser sollte eine Getreidemühle nicht gereinigt werden.

Multifunktionsmühlen

Sie sollten die im Handel angebotenen unterschiedlichen Gerätetypen miteinander vergleichen (einige Bezugsquellen für Getreidemühlen sind im Anhang, S. 180, angegeben). Es gibt neben kleinen und großen Mühlen auch solche, die einen Aufsatz für Flocker, Knet- und Rührwerke oder Raffeln besitzen. Einige lassen sich sogar jederzeit auf Handbetrieb umrüsten.

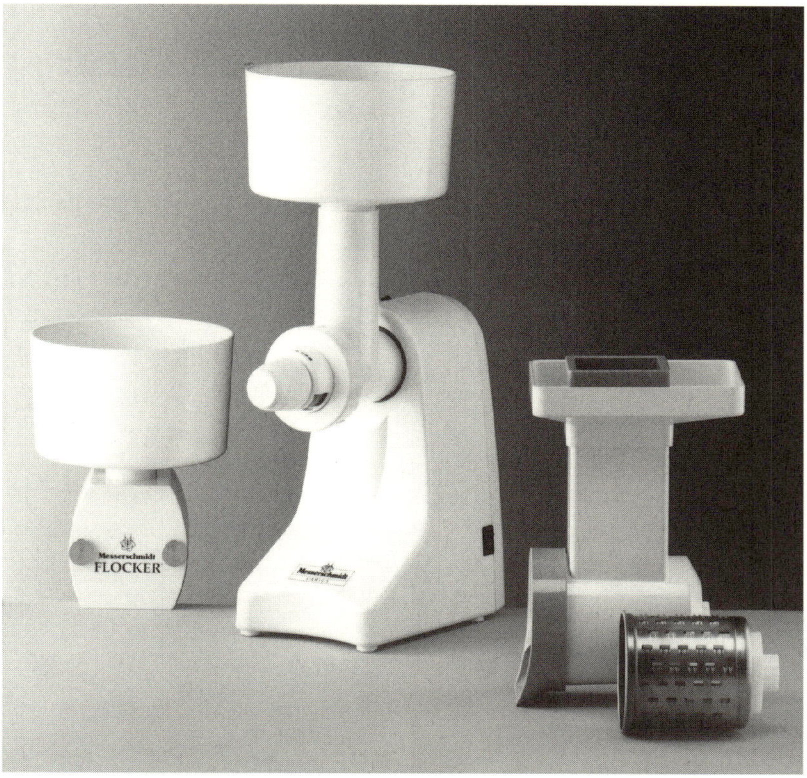

Eine Multifunktionsmaschine mit Aufsätzen: Flocker, Getreidemühle, Raffeln

Getreidemühlen mit unterschiedlicher Bauart, mit Mahlwerken aus Stein, Keramik und Stahl

Joven (Stein)

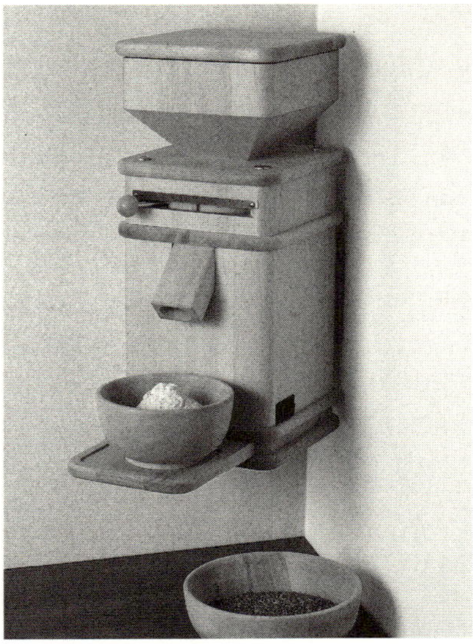

HAWO (Stein)

Messerschmitt Compact (Keramik)

Messerschmitt Kornmeister (Stahl)

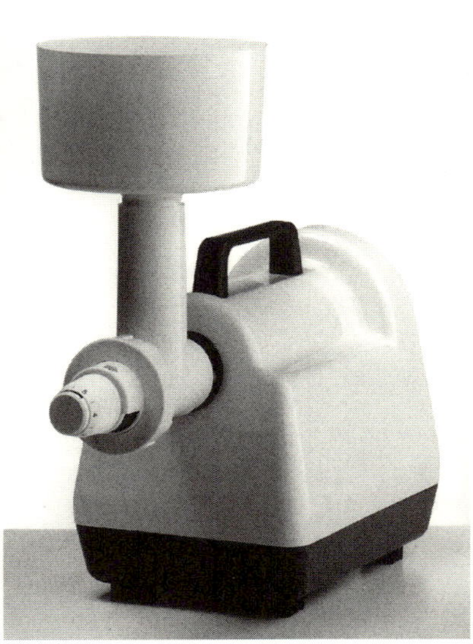

Wichtig ist vor allem, die Leistung des Gerätes zu berücksichtigen. Es gibt leistungsfähige Profimühlen und andere, mit denen man längere Zeit braucht, bis man das Mehl für eine Pizza gemahlen hat. Bei kleineren Handgetreidemühlen (s. unten) können pro Minute Mahl-Zeit zwischen 20 g Feinschrot und 50 g Grobschrot erwartet werden. Für eine langfristig befriedigende Kaufentscheidung sind also die Haushaltsgröße und die Begeisterung fürs Backen ausschlaggebend.

Elektrisch oder manuell?

In Völkerkundemuseen kann man die uralte Mahltechnik bewundern, die noch heute von vielen, so genannten einfachen Kulturen angewandt wird. Bis heute ist das Prinzip der Mühlen das Gleiche, stets gibt es einen feststehenden Teil und einen beweglichen Teil, der das Korn zerreibt. Auf einem großen, flachen, festliegenden «Grundstein» werden Getreidekörner mit einem kleinen «Läuferstein» stoßend und kreisend zerrieben. Man erhält einen groben Grieß und bei längerem Mahlvorgang auch ein feines Mehl. Für feine Teige wird das gewonnene Mehl ausgesiebt; für Brote und Breie nimmt man das gesamte gewonnene Mehl mit Schrot.

Elektrisch betriebene Mühlen ermöglichen einen schnellen und präzisen Mahlvorgang. Allerdings gehen durch die Erhitzung wertvolle Vitalstoffe verloren. Bei elektrisch betriebenen Mühlen, die hochtourig laufen und große Mengen Vollkornmehl liefern sollen, entsteht Reibungswärme – weit über 40 °C. Doch wer nimmt diese minimalen und teilweise auch technisch vermeidbaren Verluste nicht in Kauf, wenn es darum geht, einen Mehrfamilienhaushalt mit frischem Getreide zu versorgen? Schließlich entstehen die größten Vitaminverluste nicht durch die Reibungswärme, sondern durch die Lagerung von Mehl (Oxidation). Daher ist eine elektrische Getreidemühle für große Haushalte stets ein Segen.

Handgetreidemühlen erfüllen ihren Zweck für Haushalte bis zu zwei Personen, in denen weder Brot und andere Gebäcke noch Baby- und Kinderbreie selbst hergestellt werden. Sie sind geeignet, wenn man täglich nur eine kleine Menge Schrot etwa für die morgendliche Getreidespeise und gelegentlich auch etwas Vollkornmehl für Suppen, Soßen, Bratlinge und Süßspeisen benötigt.

Die meisten Handgetreidemühlen sind mit einem Steinmahlwerk ausgestattet; einzelne Produkte besitzen ein Stahlmahlwerk. Eine waagrecht oder senkrecht zum Gerät angebrachte Handkurbel bringt das Mahlwerk in Bewegung und zerreibt Getreidekörner und Ölsaaten. Die kleinen Handmühlen befestigt man mit einer Schraubzwinge an der Arbeitsplatte. Es gibt auch freistehende Modelle oder solche, die zwischen die Knie geklemmt werden, wie eine Kaffeemühle (mit der man übrigens auch kleinere Mengen Getreide vermahlen kann). Die Mühlsteine oder der Metallkonus können so verstellt werden, dass das Mahlgut fein, mittel oder grob ausfällt. Der Vorteil bei einem Handgerät ist das stets kühle Mahlgut.

Die Handmühle: nur für kleinere Haushalte

Der Betrieb mit einer Handgetreidemühle ist ein interessantes Erlebnis für Kinder, denen der schnelle, undurchschaubare und vor allem auch geräuschvolle Mahlvorgang der Elektromühlen lange fremd bleibt. Ein größerer Haushalt wird eine Handmühle zwar sicherlich als Anschauungsobjekt und vor allem im Urlaub schätzen, im Alltag kann die manuelle Mühle aber nur selten die elektrische Getreidemühle ersetzen. Wer Teige für Brot, Kuchen, Pfannkuchen, Nudeln oder Frischkornbreie für mehrere Personen täglich herstellen möchte, braucht in der Regel eine zuverlässige elektrische Getreidemühle mit hoher Leistung. Nur dann gelingt es, die täglichen Speisen mit Teigwaren aus frisch gemahlenem ökologisch angebautem Getreide zu ergänzen. Wenn das Mahlen in Arbeit ausartet, verliert man schnell den Spaß an der Mühle und die Lust am selbst gemahlenen Mehl.

Zusammengefasst: Eine handbetriebene Mühle ist ideal für die Reise, für kleine Mengen oder zur Herstellung von Frischkornbrei. Eine elektrische Mühle ist ein wichtiges Haushaltsinstrument, nahezu unentbehrlich im Vollwerthaushalt.

Beispiele für den täglichen Gebrauch

Frischkornbrei zum Frühstück:
Getreide grob vermahlen, mit Wasser bedecken, über Nacht ausquellen lassen und dann am Morgen z.B. mit Obststücken oder -püree, Samen und Kernen (Nüssen, Sesam, Lein, Sonnenblumenkernen), Obstsaft, Milch, Buttermilch, Jogurt, Honig oder anderen natürlichen Süßungsmitteln wie Agavendicksaft, Ahornsirup, Obstdicksäften nach Geschmack vermischen.

Zweites Frühstück:
Frisch gebackenes belegtes Brot (das Brot ist sehr einfach mit einer Brotbackmaschine herzustellen, s. S. 129 ff.).

Mittagessen:
Pfannkuchen, selbst gemachte Nudeln, zum Essen gereichtes selbst gebackenes Brot, Getreidemehl für Soßen, Schrot zum Andicken von deftigen Suppen (Grünkern), Pizza, Fladen, Knödel, Mehl zum Panieren und vieles mehr.

Kaffeetrinken:
Gebäck, Waffeln, Kuchen, Pudding.

Abendessen:
Pfannkuchen und Brotspezialitäten.

Babybreie – gesund und lecker

Besonders wichtig und lohnend wird eine Getreidemühle vor allem, wenn Kinder im Haus sind. Schon der erste Babybrei (für Kleinkinder ab dem 5. Monat) kann selbst hergestellt werden. Man beginnt mit den glutenfreien Getreidesorten Reis, Hirse oder Amaranth und ergänzt den Ernährungsplan schrittweise. Die Mög-

Babybrei selbst herstellen – unvergleichlich preiswert und gesund

lichkeiten sind groß: Hafer, Weizen, Gerste, Quinoa kommen später nach Wunsch, Verträglichkeit und Bedarf hinzu. Es kann jedes gewünschte Getreide gemahlen, aufgekocht und mit Milch (Sojamilch) und frischem Obst zu einem schmackhaften, gesunden Babybrei verarbeitet werden (püriert, vermixt). Billiger und gesünder geht es nicht!

Babybrei wird durch kurzes Kochen aufgeschlossen und ist dadurch besser verdaulich.

Tipp: Wer eine schnelle und gesunde Küche für das Baby wünscht, findet im Amaranthpopcorn genau das Richtige. Das Popcorn wird einfach auf feinster Stufe vermahlen und kann dem lauwarmen oder frisch pürierten Obst- oder Gemüsebrei untergehoben werden.

Literatur: Petra Kühne, *Säuglingsernährung,* Arbeitskreis für Ernährungsforschung, Bad Liebenzell [6]1997; Vreni de Jong, *Kinderernährung – gesund und lecker,* Stuttgart 1993 (genauere Angaben siehe Anhang).

Die Bedeutung der Ernährung für die Entwicklung des Kindes ist nur zu ermessen, wenn wir die Ausbildung des physischen Organismus als die Grundlage ansehen, auf der sich das Geistig-Seelische des Menschen verwirklicht.

Udo Renzenbrink

Flocken quetschen

Getreidekost ist gesund und lecker. So ist es nicht verwunderlich, dass Flocken aus allen möglichen Getreidearten gerne zum sättigenden, vollwertigen Frühstück oder für deftige Bratlinge und süße Nachspeisen genutzt werden. Es gibt wohl kaum ein Frühstück, das es mit solchen Vitalflocken aufnehmen kann! Beim Flockenquetschen kann man zwischen feinen und groben Flocken wählen. Die einen sind schmelzig und gut für Breie und feine Desserts zu verwenden, die anderen bissfest und körnig, beliebt als Müsligrundlage, und im Getreidebratling sorgen sie für den richtigen Biss. Doch Flocken sollten frisch sein, zumindest wenn sie als «Rohkost» im Müsli genossen werden. Und frisch sind sie nur, wenn sie nicht erhitzt wurden! Käufliche Getreideflocken müssen der Haltbarkeit wegen ein Erhitzungsverfahren durchstehen. Sie verlieren dadurch wertvolle Keimöle.

So funktioniert ein Flocker / Rezepte für die Flockenquetsche

So funktioniert ein Flocker

Getreide und Ölsaaten (am besten gemischt) werden in einen Trichter gefüllt. Per Hand mittels einer Kurbel oder ohne körperliche Anstrengung mit einem elektrischen Motor (es gibt Flockeraufsätze für Küchenmaschinen) kann man in wenigen Minuten vollwertige Flocken produzieren. Die Körner werden durch zwei geriffelte Stahlwalzen (im Sonderfall Steinwalzen mit Magnesit und Naxosbasalt) eingezogen und gequetscht. Durch langsames Zerdrücken kommen die Flocken als platte, weiche Kornteile heraus, die mit dem Getreidekern und der Schale des Korns verbunden sind.

Eine Flockenquetsche mit Handkurbel als Wandmodell

Je nach Gerätebeschaffenheit können Hirse, Reis, Dinkel, Weizen, Buchweizen und natürlich Hafer trocken, mit Wasser benetzt oder eingeweicht zu Flocken gequetscht werden. Geflockt

Ruck, zuck selbst flocken

werden können auch Linsen sowie nährstoffreiche Saaten wie Sonnenblumen- und Kürbiskerne, Leinsaat und Sesam – manchmal sogar Mohn und Gewürze, z.B. Kümmel, Fenchel, Kardamom, Senf oder Koriander. Nicht nur der Vorgang des Flockens selbst geht flugs von der Hand; schnell sind Flocker auch, weil Getreideflocken nicht stundenlang eingeweicht werden müssen, bevor sie verzehrfähig sind. Eine Flocke weicht viel schneller durch als Schrot; bei Dinkel, Roggen oder Weizen genügt meist eine halbe Stunde. Manche Ernährungsexperten raten allerdings dazu, härtere Getreidekörner 24 Stunden vorquellen zu lassen, weil dadurch der Keimprozess einsetzt und sich der Vitamingehalt des Korns vervielfacht (s. Kap. «Keimgeräte», S. 49). Sinnvollerweise lässt man kleine Ölsaaten in diesem Fall gleich mit vorquellen und vorkeimen, um sie dann gemeinsam mit dem Korn zu einem gesunden Müsli frisch zu quetschen.

Harte Körner vorweichen oder Flocken kurz nachquellen lassen

Wird das Getreide vor dem Quetschen eingeweicht, ist es sehr weich, und der Flocker muss anschließend gereinigt werden. Man kann stattdessen die gequetschten, nicht vorher eingeweichten Flocken mit Milch, Saft, Obstmus oder Jogurt übergießen und einfach eine halbe Stunde quellen lassen (das ist meiner Ansicht nach auch praktischer). *Haferflocken* sind sofort nach dem Quetschen verzehrbar. *Grobes Schrot* braucht hingegen einige Stunden Quellzeit, bis es problemlos genossen werden kann.

Man bekommt im Allgemeinen schönere Flocken, wenn das nicht eingeweichte Getreide *benetzt* wird (außer bei Hafer). Dazu gibt man es in ein Sieb und braust es mit kaltem Wasser ab.

Das gequetschte Korn, die Flocke, verlangt gründliches Kauen und sollte nicht einfach hinuntergeschlungen werden! Kauen ist wichtig. Beim Kauen wird die Nahrung gut eingespeichelt, und die enzymatische Vorverdauung beginnt bereits im Mund. Vorteilhaft für die Verdauung ist der große Schalenanteil, der wie eine gute «Bürste» funktioniert.

Die Qual der Wahl

Es gibt zahlreiche Flocker, die sich in Materialbeschaffenheit und Form unterscheiden (Bezugsquellen s. Anhang). Im Handel sind Wand- und Tischmodelle erhältlich, Quetschen mit einem Holz-, einem Kunststoff- oder einem Blechgehäuse. Natürlicher Oberflächenschutz bei Holzmodellen besteht aus natürlichen Ölen, wie z.B. Leinöl. Die Trichter sind aus Holz, Aluminium oder Kunststoff und lassen sich allesamt einfach reinigen, weil hier nur Mehl und Staub zu beseitigen ist (Ausnahme: eingeweichte Körner).

Eschenfelder Tischflocker

Einige Getreidemühlen können als Universalküchengeräte genutzt werden. So gibt es auch einen Flockenaufsatz für den Motorblock einer solchen Küchenmaschine. Wer den Flocker jedoch oft benutzt und gleichzeitig auch häufig die Mühle zum Einsatz bringt, wird vielleicht das ständige Wechseln der Aufsätze beklagen.

Reinigung

Bei der Reinigung sollten Sie auf die Konstruktion der Quetschen achten: Im Allgemeinen erschweren Zahnräder das Reinigen der Flocker. Daher sollten Sie sich bereits im Verkaufsraum vorführen lassen, wie der Flocker auseinander zu nehmen ist, um auch an entlegene Winkel zu gelangen (z.B. wichtig nach der Quetschung von Senf oder Kümmel). Grundsätzlich sind Metallwalzen einfacher zu reinigen als Steinwalzen.

Wenn die Quetsche z.B. von zu vielen Ölsaaten zu verstopfen droht, gibt man feste, ungequollene Getreidesorten, am besten Reis oder Weizen, hinterher.

Trockene, staubige Rückstände können bei regelmäßiger Benutzung einfach auf den Walzen gelassen werden, denn sie reiben sich beim nächsten Durchgang ab. Hartnäckige Reste (z.B. von feuchten Flocken) werden mit einem Lappen, einem Pinsel bzw. einer Zahnbürste entfernt. Genaue Reinigungshinweise entnehmen Sie der Pflegeanleitung zum gekauften Gerät.

Sollten Sie nach längerer Ruhezeit Ihre Quetsche neu «einweihen», entfernen Sie mit einem feuchten Lappen die Verunreinigungen und trocknen anschließend mit einem fusselfreien Lappen alle Teile gut ab. Holzmodelle werden mit Leinöl vorsichtig nachimprägniert.

Rezepte für die Flockenquetsche

Ein schnelles Mittagsmahl

(für 3 Personen)

Gemischtes Gemüse (Möhre, Brokkoli, Fenchel, Sellerie, Lauch, 2 Knoblauchzehen u.a.) in etwa gleich große Würfel schneiden, kurz mit 1 Lorbeerblatt in ein wenig Olivenöl oder Butter dünsten, mit einer Prise Currypulver, Provence- oder Gartenkräuter (Rosmarin, Thymian, Majoran und was gerade zur Hand ist) würzen, 1 Suppentasse Flocken hineinstreuen, kurz mitgaren lassen und mit 1 l körniger Brühe aufgießen. Den Topf mit einem dichten

Deckel verschließen. Nach ca. 5 Minuten hat man einen schmackhaften, gesunden Eintopf für den kleinen Hunger. Mit frischer Petersilie bestreuen, in Suppentassen füllen und geröstetes Brot dazureichen.

Kartoffelbratlinge

(für 5 Personen)

500 g Kartoffeln (möglichst mehlige), 100 g Hafer, frisch gequetscht, Meersalz, Pfeffer, frisch aus der Mühle, 1 Zwiebel, 1 Ei, (Kokosfett oder Olivenöl für die Pfanne).

Kartoffeln fein reiben. Ein Sieb mit einem Tuch auskleiden und die geriebenen Kartoffeln ausdrücken. In eine Schüssel füllen. Mit den frisch gequetschten Haferflocken vermischen, salzen, pfeffern und das Ei untermengen. Abschmecken.

Fett in der Pfanne zerlassen. Mit einem großen Küchenlöffel die Getreideklopse in die Pfanne geben. Etwas flachdrücken und bei mittlerer Hitze so lange braten, bis die Bratlinge sich vom Pfannenboden etwas abheben. Dann die Pfanne kurz schwenken. Noch ca. 1 Minute nachbraten lassen und die Burger mit einem Pfannenwender drehen. Von der anderen Seite wieder so lange braten lassen, bis sie frei in der Pfanne schwimmen.

Dazu reicht man frisch geriebene Äpfel, eine Scheibe Pumpernickel und ein Glas Milch.

Süße Flocken

Getreide einen Tag lang in frischem Wasser einweichen. Am nächsten Tag bei 40 °C trocknen (z.B. auf einem Backblech oder im Dörrgerät; s. Kap. «Dörren», S. 171 ff.). Auf Vorrat trocknen und die gedörrten Körner im verschließbaren Glas aufbewahren. Nach Bedarf quetschen.

Salatsoßen

6 Fenchelkörner, 1/2 gestrichener Teel. Senfsaat, ein Stückchen getrocknete Peperoni durch den Flocker drehen (evtl. mehrmals). Reichlich gutes, kaltgepresstes Olivenöl, 1 Essl. Balsamicoessig, mit der frisch gequetschten Mischung verrühren, mit Meersalz abschmecken und mit frischen Kräutern nach Geschmack (Basilikum, Schnittlauch, Liebstöckel) kombinieren.

Für schwere Salate mit Ei und Schinken: 2 Essl. Sahne, 1 Teel. Tomatenmark und etwas Dill oder Basilikum mischen und untermengen.

Hervorragend schmecken auch Salate mit *Keimlingen* (s. Kap. 3), die durch die Quetsche «gefügiger» gemacht wurden (Achtung, funktioniert nicht in jedem Flocker, z.B. dem Eschenfelder Flocker!).

Krümelkuchen

50 g Hafer, 50 g Weizen (1 Stunde in lauwarmem Wasser einweichen), 25 g Butter, 0,1 l Obstsaft (Orangen- oder Apfelsaft), 50 g Rosinen, 1 Essl. Honig, 1 Essl. Vollrohrzucker, Obst der Saison (z.B. 2 Äpfel oder 200 g Beeren oder 200 g Pflaumen).

Das Obst in kleine Stückchen zerschneiden, in eine Auflaufform geben und mit dem Honig und dem Saft verrühren und 2 Stunden ziehen lassen. Weizen und Hafer im Flocker quetschen, mit der Butter und dem Vollrohrzucker zu einer krümeligen Masse verkneten und auf die Oststückchen geben. Im Backofen bei 250 °C etwa 20 Minuten backen.

Nougat

1 Tasse Gerstenmalz aus dem Bioladen oder Zuckerrübensirup, 1/4 Tasse Wasser, 1 Tasse Haferflocken, 3/4 Tasse in der trockenen Pfanne geröstete Sonnenblumenkerne, 1/2 Tasse in der trockenen Pfanne geröstete Sesamsamen, 1/2 Tasse Milch oder Sojamilch, 1 Teel. Vanille aus der Schote gelöst, 1/2 Teel. Meersalz, 1 Teel. Zimt.

Malz mit Wasser in einer Pfanne erhitzen und verquirlen. Die restlichen Zutaten hinzugeben und gut verrühren. Hitze abstellen. Nicht aufkochen. Die Mischung in eine gefettete Auflaufform geben. Mit einem Teigschaber festdrücken. Bei 180 °C ca. 10 Minuten goldbraun backen. Abkühlen lassen, in Quadrate schneiden und kühl lagern.

Energiebällchen

(ca. 40 Stück)

250 g Getreideflocken (maximal drei Sorten) über Nacht einweichen. Es darf gerade so viel Wasser auf den Flocken liegen, dass diese durchgängig feucht sind. Am nächsten Tag Nüsse, Trockenobst (Rosinen, Feigen, Aprikosen, Apfelringe, Birnen, Pflaumen etc.) und nach Wunsch 1 Essl. Honig in einen Mixer geben. Pürieren und schließlich händeweise die eingeweichten Flocken dazugeben und unterpürieren. Die Masse etwa 1 Stunde lang ruhen lassen, zu kleinen Kugeln formen und die feuchten Bällchen nach Wahl in Sesam, zerhackten Haselnüssen, Kürbis- oder Pistazienkernen, Kokosraspeln oder Schokostückchen wälzen, bis sie griffig sind. Im Kühlschrank 1 Stunde erstarren lassen und servieren. (Im Kühlschrank ca. 1 Woche lagerbar.)

Gesundheitstipp bei starker Bronchitis:
1 Essl. Senfsaat viermal mit dem Flocker durchquetschen. Mit etwas Wasser zu einem dicken Brei anrühren. 1 festes Leinentuch (Größe Küchenhandtuch) in kochendes Wasser legen. Mit einer Zange herausfischen und zum Abtropfen weghängen. Warten, bis es «erträglich» heiß geworden ist, stark auswringen und mit der Senfmischung dick bestreichen. Das Tuch mit der Senfseite nach außen (!) auf die Brust (den Bronchienbereich) legen. Ein Küchentuch auf die andere Seite der Senfmischung geben. Einen Wollwickel um diesen feuchten Wickel legen (ein Wollvlies aus dem Naturwarenhandel oder einen sehr großen, dicken Wollschal). Direkt hinlegen und unter einer warmen «Woll»-Decke entspannen! Solange man es ertragen kann, bleibt der Wickel auf der Haut.
Vorsicht: Gemahlene Senfsaat auf nackter Haut kann zu Verbrennungen führen!

Suchst du das Höchste, das Größte?
Die Pflanze kann es dich lehren:
Was sie willenlos ist,
sei du es wollend — das ist's!

Friedrich Schiller

Frische Sprossen und Keime

Es gibt kaum Lebensmittel, die so viele Mineralien, Enzyme und Vitamine enthalten wie frische Sprossen und Keime aus Samen, Kernen und Hülsenfrüchten. Durch den Impuls des Wassers wird die Umwandlung vom Kern oder Keim zur Pflanze vollzogen. Die gesamte Kraft des Wachstums konzentriert sich darin. Wer einmal auf den Geschmack gekommen ist, wird auf Sprossen und Keime nie mehr verzichten wollen. Die kleinen Energiespender sorgen für eine interessante Bereicherung des Speisezettels. Bezeichnenderweise bieten inzwischen viele Gourmetköche ihre phantasievollen Rezepte mit Sprossenvariationen an. Die große Vielfalt und die knackige Frische der kleinen Keimlinge haben es eben gewaltig in sich …

Mit nur wenig Aufwand können wir uns unsere Sprossen selber ziehen und damit jede Mahlzeit – vom Frühstück bis zum Abendbrot – vitalstoffreicher gestalten. Und schließlich verwöhnen die kleinen und großen knackigen Pflanzenbabys auch das Auge.

Welche Samen können gekeimt werden? / So funktioniert das Keimen ohne Keimgerät /Keimstationen für die Küche /Wie werden Sprossen genossen?

Welche Samen können gekeimt werden?

Im Prinzip können alle Samen gekeimt werden. Für Ihren Speisezettel ergibt sich dadurch eine Vielfalt an Möglichkeiten. Hier einige Beispiele von Saaten, geordnet etwa nach der Größe der Keimlinge:

Kresse, Leinsaat, Sesam (ungeschält, nicht geröstet!), Sonnenblumenkerne, Radieschen, Rettich, Bockshornklee, Alfalfa, Senf, Mungbohnen, Sojabohnen, Kichererbsen, Azukibohnen, Linsen, Weizen, Gerste, Roggen, Amaranth.

In der Regel schwierig zu keimen sind Hirse, Reis, Quinoa, Dinkel und Hafer.

Die Auswahl des Saatguts

Wichtig ist vor allem die richtige Auswahl des Keimguts. Die Saaten sollten unbedingt aus kontrolliert ökologischer Produktion (Naturkostladen, Biosämereien, Reformhäuser, eigene Zucht) stammen. Es ist nicht auszuschließen, dass konventionelle Saaten mit Fungiziden gebeizt wurden, die sich dann natürlich auch in den Keimen und Sprossen nachweisen lassen.

So funktioniert das Keimen ohne Keimgerät

Keimlinge kann man sich mit einfachen Hilfsmitteln aus dem Haushalt, ohne Keimgerät, ziehen. Am einfachsten zu keimen sind kleine Saaten wie Kresse, Radieschen, Leinsaat oder Senf. Man legt

Kleine Saaten

für diese Saaten ein feuchtes Tuch, Küchenkrepp oder eine dünne Schicht Watte in eine flache Schale und bedeckt es mit den Samen. Kleine Saaten müssen nicht vorquellen.

Vorsicht: Stoffe und Papier können belastet sein. Rückstände aus der letzten Wäsche oder der Herstellung, Farben oder Chemikalien gehen auch in die Keimlinge über. Abzuraten ist von einer Anzucht in vorgedüngter Blumenerde.

Zweimal täglich müssen die Körner gut gespült werden. Gründliche Reinigung der Keimlinge ist Voraussetzung für ein gutes Gelingen der Keimsaat. Wer nicht richtig spült, riskiert dadurch, dass die Keimsaat schimmelt oder verfault.

Kleine Saaten (Radieschen usw.) spült man in einem eigens bereitgelegten Mulltuch (oder einem größeren Stück Fliegengaze), das man nach Beenden des Spülvorgangs direkt über der Keimschale ausklopfen kann, ohne dass die kleinen Keime über den Rand purzeln.

> ***Hilfsmittel für kleine Saaten:***
> Ein Teller oder eine Schale. Ein sauberes Tuch, Küchenkrepp oder Bio-Baumwollwatte.

Große Saaten

Große Saaten, wie Hülsenfrüchte und Getreidekörner, müssen vor dem Keimprozess eingeweicht werden bzw. vorquellen. Anschließend braust man sie in einem Sieb unter fließendem Wasser kräftig ab und lässt sie kurz abtropfen. Als mögliche Keimstation kann jedes größere Glas oder eine Tonschale dienen. Beliebt sind z.B. Weckgläser, die man mit feinem Gardinenstoff, einer Mullbinde oder Kunststoffgaze bespannt. Das Gummi hält die Bespannung fest. Man legt eine Holzlatte auf die Spüle und stellt die Keimgläser gekippt mit der Bespannung auf diese Latte. So kann das überschüssige Wasser langsam abtropfen. Abends wird die Keimsaat abermals gespült. Für größere Saaten empfiehlt sich dafür ein großes Küchensieb.

Von nun an werden Sie Ihre Keimsaat wachsen sehen. Wenn Sie täglich zweimal spülen und genügend Luft an die Keimstation kommt, wird sich Ihr Sprossengarten herrlich entwickeln und kräftig wachsen. Aus einer Tasse mit Saaten hat sich schnell ein ganzes Weckglas leckerer Sprossen entwickelt.

Lassen Sie Ihre «Pflänzchen» nie zu groß werden! Wenn sie ins Wuchern kommen, verlieren sie an Geschmack und knackiger Frische. Den Keimprozess können Sie stoppen, indem Sie das «reife Ergebnis» bis zum baldigen Verbrauch für ein paar Tage im Kühlschrank aufbewahren.

> ***Hilfsmittel für große Saaten:***
> Ein Weckglas. Etwas Fliegengaze oder ein Mulltuch.
> Ein stabiles Gummiband, das das Weckglas eng umschnürt.
> Eine kurze Holzleiste.

So gelingen Bohnenkeime

Erster Tag:
Auf 1 Tasse Bohnen füllt man 4 Tassen Wasser, z.B. in ein Weckglas. Dann lässt man die Bohnen etwa 8 – 10 Stunden (z.B. über Nacht) einweichen. Am nächsten Morgen werden Sie Blasen an der Wasseroberfläche finden: der Keimprozess hat begonnen. Schütten Sie die Bohnen durch ein Sieb. Jetzt werden die Bohnen mit Wasser abgespült. Sie können dabei nach toten Samen suchen und diese entfernen.

Zweiter Tag:
Bohnen lässt man am zweiten Tag nochmals 10 – 15 Minuten in frischem Wasser ziehen. Sie werden feststellen, dass viele davon ihre Haut gesprengt haben. Die Hülsen schwimmen auf dem Wasser und lassen sich leicht herausfischen. Nach dieser erneuten Einweichzeit wird das Wasser wieder abgegossen und als Gießwasser für Blumen genutzt. Ihre Zimmerpflanzen werden Ihnen diese Aufmerksamkeit danken!

Im Anschluss an diese nur für dicke Saaten notwendige Quellphase werden die Bohnen wie andere Keimarten zweimal täglich gespült.

Vor dem Verzehr müssen Bohnenkeimlinge kurz blanchiert oder in der Pfanne angebraten werden! Alle anderen Sprossen dürfen Sie roh genießen.

Keimstationen für die Küche

Kleine Saaten

Ein Kressesieb oder eine Kresseschale machen beim Keimen von kleinen Saaten das Hantieren mit Tuch und Papier überflüssig. Ein Sieb ist ideal, weil dabei die Schleimbildung von Kresse und Leinsaat den Keimvorgang nicht beeinträchtigen kann. Der Nachteil von Schalen ist, dass sie aufwendiger zu reinigen sind.

Kressesieb in der passenden Keramikschale

Große Saaten

So einfach für große Saaten die Weckglasmethode ist, so praktisch sind andererseits spezielle Keimstationen aus dem Handel. Meist sind sie aus leicht zu reinigendem Kunststoff, aus Glas oder unglasiertem Ton. Jedes Gerät hat spezielle Vorzüge:

Glaskeimer

Beim Glaskeimer ersetzt eine Art Weckglassystem mit praktischem Schraubdeckel und einlegbarem Sieb das Hantieren mit Tüchern oder Gazen. Das Spülen der Keimsaat ist optimal gewährleistet, und die Keime werden gründlich gereinigt. Dieses Deckelsystem hat weiterhin den Vorteil, dass es sich (ebenso wie ein Weckglas) gut reinigen lässt. Eine Wasserauffangvorrichtung ist als Zubehör erhältlich, womit die Abtropfleiste überflüssig wird. Das ganze Volumen des Glases kann mit Keimlingen gefüllt werden, und man kann eine entsprechend große Menge an Keimen auf einmal ziehen, z.B. für eine Gemüsemahlzeit.

Sprossengläser mit Siebeinsatz

Kunststoffstationen

Kunststoffstationen sind leicht zu reinigen, lassen Licht an die Saat und ermöglichen dadurch, dass diese schnell keimt, sie sind stapelbar und ermöglichen die Aufzucht verschiedenartiger Sprossen auf kleinstem Raum. Sie sind mit einem Deckel versehen und halten dadurch eine ideale Temperatur für das Saatgut. Das Prinzip ist denkbar einfach: Mehrere Schalen sind übereinander stapelbar und mit feinen Löchern im Boden versehen. Die unterste Schale dient als Wasserauffangschale. Man bewässert die Station, indem man die obere Schale begießt. Das Wasser rieselt durch, bis es in der Auffangschale ankommt.

Praktisch an den Stapelstationen ist auch, dass man die oberste Schale als Kresse- oder Senfsaatgarten anlegen kann. Selbst ein Stück Mullbinde ist überflüssig. Man kann die Kresse einfach in die Schale einstreuen und normal bewässern. Nach einigen Tagen kann man ernten.

Von manchen Herstellern wird zur Weiterzucht von Sprossen eine größere Schale (mit Deckel) angeboten, die exakt auf die Sprossenzuchtschale passt. Auf diese Weise lässt sich z.B. aus den

Weizensprossen Weizengras kultivieren, das anschließend zu Saft gepresst wird. Als wertvoller Chlorophyllspender wird dieser frische Saft inzwischen von vielen Menschen geschätzt.

Tonstationen

Tonstationen bestehen aus naturbelassenem Ton. Die Sprossen gedeihen in Dunkelheit und sind daher sehr aromaintensiv. Ähnlich der Kunststoffstation besteht die Tonstation aus mehreren Keimschalen, einem Deckel (Holz oder Ton) und einer Wasserauffangschale. Vor dem Keimen lässt man die Tonschalen in Wasser einweichen. Die Keimbedingungen im Tonkeimer ähneln sehr den Bedingungen in der Erde. Die großporigen Tongefäße sind in der Lage, Wasser zu speichern, geben diese Feuchtigkeit gleichmäßig wieder ab und sorgen zugleich für eine gute Durchlüftung. Auch ein Tonkeimgerät wird mindestens zweimal täglich von oben begossen. Die Auffangschale wird entsprechend häufig geleert.

Tonkeimer werden mit einem rauen Schwamm und teilweise sogar mit dem Stahlschwamm gebürstet. Auch eine gute Gemüsebürste eignet sich, vor allem, um die Abflusslöcher zu säubern, in denen sich kleine Saaten allzu gerne ablagern.

Tongeräte müssen sehr intensiv gereinigt werden – allerdings niemals mit Spülmitteln, die in den Ton eindringen, sich nicht vollständig abspülen lassen und späteres Keimen empfindlich stören können.

Eine Tonstation für Sprossen: Hawo’s «Toni»

Wie werden Sprossen genossen?

Hier liegen frische Sprossen richtig:

- als Gemüse (Kichererbsen)
- in frischem Salat
- auf allen Broten mit herzhaftem Belag
- in delikaten Suppen, kurz vor dem Servieren aufgestreut
- zur Garnierung auf allen Rohkostgerichten
- auf Müsli – z.B. scharfe Radieschenkeime oder Sonnenblumenkeime
- über Aufläufen, kurz vor dem Servieren bestreut
- in selbst gemachten Frühlingsrollen (Sojasprossen)
- Bohnenkeime werden blanchiert und mit Sojasoße und feinen Gewürzen abgeschmeckt als Gemüsebeilage serviert. Scharfe Soße dazureichen.
- einfach so, frisch aus der Keimstation genascht …

*Ob die Kunst und das Schöne den Menschen
wirklich zu bessern und zu stärken vermögen,
sei dahingestellt, zum mindesten erinnern sie
uns, gleich dem Sternhimmel, an das Licht,
an die Idee der Ordnung, der Harmonie,
des «Sinnes» im Chaos.*

Hermann Hesse

Kochen mit Lehm- und Tontöpfen

Wollen Sie gesund und schmackhaft kochen und bevorzugen dabei Naturmaterial? Suchen Sie eine ideale Alternative zum Grillen? Wollen Sie auf Reisen problemlos, vollwertig und unabhängig kochen? Dann hilft Ihnen die Tajine, der traditionelle Topf aus Nordafrika. Mit einem solchen unglasiert gebrannten Lehmtopf können Sie auf sämtlichen Herdstellen (Gas, E-Herd, Gasflammen und auch auf dem Holzkohlegrill) phantastische Menüs zubereiten.

Weitaus bekannter als der Lehmtopf ist der «Römertopf», ein gebrannter Tontopf, der allerdings nicht so flexibel zu handhaben ist und für den man eine Backröhre braucht. Dennoch, lecker sind auch Römertopfgerichte, weshalb diese Kochmethode hier ebenfalls dargestellt wird.

Was man vor dem Gebrauch wissen muss

Verschiedene Töpfe für unterschiedliche Geschmacksrichtungen

Mit einem Topf aus gebranntem Lehm oder Ton kann man ganz leicht und auf delikate Art kochen. Sie haben die Möglichkeit, besonders aromatische Suppen, vegetarische Hauptgerichte mit einem besonders intensiven Gemüsegeschmack, pikante Fleisch- und Fischgerichte sowie süße Speisen in einem Römertopf oder einer Tajine zu kreieren. Immer werden Sie und Ihre Gäste sich an dem unverwechselbaren Aroma erfreuen. Es ist jedoch ratsam, für jede Geschmacksrichtung einen eigenen Topf zu verwenden – kochen Sie also nicht mit Ihrem Gemüsetopf das Fischgericht, und nehmen Sie vor allem für den süßen Gaumen einen separaten Topf. Ton- und Lehmtöpfe werden in verschiedenen Größen angeboten.

Die Tajine, ein gebrannter Lehmtopf aus Nordafrika

Neue Töpfe brauchen besondere Pflege

Es ist etwas kompliziert, einen neuen Topf einzukochen! Das unglasierte Kochkeramikmaterial (Ton oder Lehm) saugt sämtliche Flüssigkeit in sich auf. Man muss einen solchen Topf also vorbehandeln, damit sich die Poren schließen. Erst dann ist er gebrauchsreif, und man freut sich über die verkürzte Garzeit. Mit zunehmendem Gebrauch lässt das anfängliche Problem des Anbrennens auf dem Grund des Topfes rund um den Wärmeherd merkbar nach. Kochen Sie also von Anfang an viel mit Ihrem Ton- oder Lehmtopf. Geben Sie bei den ersten Kochvorgängen zunächst etwas Öl in den Topf und erst dann das Kochgut darauf. Später kann man einen Spritzer kaltgepresstes (Oliven-)Öl in das im Topf aufgeschichtete Gemüse geben. Wer möchte, kann nach einiger Zeit ganz auf Fett und Wasser verzichten – aber man bedenke: Es gibt Vitamine, die ohne Öl nicht vom Körper aufgenommen werden können! Also, ein Spritzer Olivenöl ist gewiss nicht nur gesund, sondern auch delikat und hilft beim Einkochen der Tajine oder des Römertopfes.

Erster Gebrauch

Vor dem ersten Gebrauch sollte der Topf mit klarem Wasser abgewaschen, eine halbe Stunde gewässert und kräftig mit einem neutralen Öl (z.B. Sonnenblumenöl, Olivenöl) eingerieben werden. Wer jetzt sofort mit dem Kochen beginnt, wird sich bei ungenügender Feuchtigkeit eventuell über ein Anbrennen ärgern. Die Oberfläche ist noch zu rau und saugend. Entweder man kreiert zunächst deftige Eintöpfe, oder man kocht zunächst «blind», d.h. ohne Speisen, ein Öl-Wasser-Gemisch. Man kann den Topf auch im Backofen bei 200 °C etwa 45 Minuten einbrennen. Wer anschließend einige Male bunte Eintöpfe mit einer oder zwei Tasse(n) Wasser oder Brühe kocht, geht die geringste Gefahr ein, dass sich am Boden etwas schwarz absetzt. Schließlich hat sich eine natürliche «Antihaftbeschichtung» gebildet. Ihr Topf aus natürlichem Ton oder Lehm ist nun ein praktisches und leicht zu handhabendes Küchenutensil, das den Vorteil von geringen Garzeiten bietet.

Vorsicht: Kein Spülmittel!

Das größte Hindernis im Umgang mit einem Naturmaterial stellt sich der Mensch durch seine «zivilisierte» Lebensweise selbst.

Viele wollen den gebrannten Lehm- oder Tontopf mit Spülmittel spülen: «Damit er richtig sauber wird!»

Vollkommen falsch! Im schlimmsten Fall ruiniert man sich damit den Topf für immer und kann ihn höchstens noch als Blumentopf verwenden. Spülmittel setzt sich in den Poren fest und wird in kleinen Portionen an die einzelnen Mahlzeiten abgegeben. Selbstverständlich gilt dies auch für den Reinigungsvorgang in der Spülmaschine.

Wichtig! Ein Lehm- oder Tontopf muss immer luftig und trocken gelagert werden. Feuchte Schalen dürfen nie ineinander geschichtet werden.

Wie reinige ich die Tajine oder den Römertopf?

Ton- und Lehmtöpfe sind generell sehr einfach zu pflegen. Es gilt die Regel: Wenn der Topf erst richtig eingekocht ist, erleichtert sich die gesamte Handhabung. Normalerweise genügt es, nach Gebrauch den Topf einzuweichen und mit einer rauen Bürste und heißem Wasser abzuschrubben. Hartnäckige Speisereste werden mit Drahtbürste oder -schwamm (auf keinen Fall mit Scheuermittel oder einem scheuermittelhaltigen Schwamm!) entfernt.

Zur gründlichen Reinigung (oder während der Anfangszeit, wenn häufiger mal etwas anbackt), verwendet man Essig, ca. 1/4 l auf 5 l Wasser. Das Tonmaterial wird darin 10 Minuten eingeweicht. Bei stark eingebrannten Speiseresten kocht man das Essiggemisch im Topf auf und lässt den Sud etwa 10 Minuten köcheln. Ist dieser abgekühlt, schrubbt man anschließend die Tajine bzw. den Römertopf mit dem Stahlschwamm gründlich sauber.

So kocht man in Tajine und Römertopf

Tajine oder Römertopf?

Die *Tajine* wird bei geringer bis mittlerer Hitze auf der Herdplatte eingesetzt, ist aber auch als Pfanne verwendbar (Bratkartoffeln aus der Tajine schmecken einfach himmlisch!). Darüber hinaus kann man mit ihr auch auf Holzkohlegrills garen. Sie ist daher ein idealer Begleiter auf Reisen, z.B. beim Camping; auch beim Lagerfeuer kann man sie also einsetzen. Es gibt sogar ganz kleine Töpfe, die in den Rucksack passen.

Römertopf: Lange Garzeiten bei hohen Temperaturen

Zunehmend bekannt und beliebt geworden ist der *Römertopf*. Mit Recht, denn geschmacklich sind Gerichte aus diesem Topf wahre Hochgenüsse. Ein gewaltiger Nachteil allerdings ist der hohe Energieaufwand. Der Römertopf wird in den Backofen geschoben. Ein neuer Topf muss etwa 2 Stunden im Backofen bei 200° C schmoren. Später verkürzt sich die Kochzeit, dennoch bleibt die Gaumenfreude etwas zweifelhaft, zumal die Speisen durch die hohen Temperaturen stark in Mitleidenschaft gezogen werden. (Es empfiehlt sich daher, den Römertopf nur bei Gerichten einzusetzen, die sowieso eine längere Garzeit benötigen, z.B. Erbsensuppe; Gemüse gart man dagegen gesünder und mit weniger Energie in der Tajine.) Das fertige Gericht sollte direkt im Römertopf serviert werden; es ist nicht nur dekorativ, sondern hält auch noch lange die Wärme. Hervorragend lässt sich der Römertopf, mit Pflanzenmargarine gefettet, auch als originelle, rustikale Backform, z.B. für Vollkorn-Bauernbrot, einsetzen!

Ein neuer Römertopf sollte übrigens langsam eingebacken werden.

Vor jedem Gebrauch müssen Tajine und Römertopf gewässert werden (anfangs eine Stunde, später eine halbe Stunde). Die einzelnen Zutaten werden anschließend im Topf aufgeschichtet, wobei wasserreiche Gemüsesorten nach unten gelegt werden. Man gibt anfangs etwa 1/2 bis 1 Tasse Wasser bzw. für delikate Eintöpfe ca. 1 Tasse Brühe hinzu. Nach dem Einkochen des Topfes kann man auf die Zugabe von Wasser auch ganz verzichten. Zu beachten ist, dass der Deckel gut aufsitzt (Dampfsperre). Die Dampfsperre des Tajinedeckels wird mit Wasser gefüllt; dadurch wird der obere Deckelteil gekühlt.

Rezepte für Lehm- und Tontöpfe

Man kann jede Speise, egal ob süß, sauer oder herzhaft, in der Tajine oder dem Tontopf bereiten. Es empfiehlt sich jedoch, wie gesagt, für verschiedene Geschmacksrichtungen jeweils einen eigenen Topf einzukochen und zu verwenden. Nachfolgend beschriebene Gerichte wurden für die Tajine konzipiert. Für Tontöpfe (Römertöpfe) gilt eine jeweils etwa 20 Minuten längere Backzeit im Ofen.

Vorspeise: Gefüllte Zwiebeln

(für 4 Personen)

4 dicke Gemüsezwiebeln, Meersalz, frisch gemahlener Pfeffer, 4 Blätter frischen Salbei, in Streifen geschnitten, 75 g geriebener Gouda, 4 Eier, 1/2 Tasse körnige Brühe.

Die Zwiebeln waschen und unabgezogen in kochendes Wasser geben und etwa 30 Minuten leicht köcheln lassen. Anschließend aus dem Wasser nehmen und abkühlen lassen, vorsichtig häuten (sie dürfen auf keinen Fall auseinanderfallen), halbieren und so viel Zwiebelfleisch aus der Mitte nehmen, dass später ein Ei gut in die Öffnung passt. Das entnommene Zwiebelfleisch wird in der Tajine verteilt. Die ausgehöhlte Zwiebel wird mit Salz und Pfeffer bestreut. Dann stopft man etwa einen Teel. Gouda in die Öffnung und legt die Streifen eines Salbeiblattes darüber. Anschließend lässt man ein aufgeschlagenes Ei in die Öffnung gleiten (möglichst den Dotter nicht verletzen) und verschließt diese mit einem Teelöffel Gouda. Vorsichtig werden die Zwiebeln in die Tajine gesetzt, und der restliche Gouda wird darübergestreut. Bei neuen Tajinen oder im Römertopf gibt man noch 1/2 Tasse körnige Brühe in den Topf. Gut verschließen. Dampfsperre mit Wasser füllen und bei mittlerer Hitze etwa 20 bis 30 Minuten köcheln.

Hauptgerichte

Bratkartoffeln

(Beilage für ca. 4 Personen)

Zeitgleich: Junge Kartoffeln (400 g) in Würfel schneiden und in eine Schüssel geben; frisches Rosmarin vom Stengel zupfen, hinzugeben; 1 Tasse Olivenöl und Kräutersalz hinzufügen und das Ganze gut durchmischen.

1 Tomate in Spalte teilen und auf den Boden der Tajine legen.

1 Zwiebel in Scheiben schneiden und unter die Kartoffeln mischen. Die eingelegten Kartoffeln auf die Tomaten geben. 3 dicke Scheiben einer unbehandelten Zitrone oben auf die Kartoffeln legen.

Tajine schließen und die Dampfsperre mit Wasser füllen. Einmal kurz aufkochen, dann die Hitze auf das Minimum reduzieren. Ca. 30 Minuten (je nach Hitze) garen. Die Tajine darf nicht geöffnet werden, man muss sich auf seinen Geruchssinn verlassen. Riecht das Essen gut (nach ca. 15 bis 20 Minuten), sollten Sie nachsehen, möglicherweise umrühren, die Hitze ganz abstellen und das Essen die volle Zeit ohne Hitzezufuhr ausgaren lassen. Natürlich können Sie auch Knoblauch, Kümmel oder andere Gewürze verwenden. Das Rezept ist sozusagen ein «Grundrezept», bei dem das Rosmarin auch durch Salbei, Liebstöckel oder andere Gewürze ersetzt werden kann.

Tajine mit Okra und Tomaten

(für 3 – 4 Personen)

500 g Okraschoten (vom Türken), 400 bis 500 g frische rote geschälte Tomaten, geviertelt und leicht mit Meersalz bestreut, 2 Teel. frische glatte Petersilie, 1 Teel. Rosenpaprika, 2 geschälte Knoblauchzehen, gequetscht, Meersalz, 3 Essl. kaltgepresstes Olivenöl.

Die Okraschoten waschen und in Streifen schneiden, auf die Tomaten in die Tajine geben. Mit den Gewürzen bestreuen. Etwa 10 Minuten bei großer Hitze kochen, bis die Okras in die Tomaten einsinken. Danach die Hitze herunterfahren und so lange mit geschlossenem Deckel kochen, bis die Okraschoten weich sind. Die Okras herausschöpfen und warmhalten und die Tomaten so lange kochen, bis das Wasser aus den Tomaten weitgehend verkocht ist und die Tomaten auf dem Öl brutzeln. Vorsicht, sie brennen in dieser Phase schnell an! Die Hitze nun abstellen, die sämigen Stränge aus den Okras entfernen. Die Okras platziert man nun dekorativ auf den gebackenen Tomaten und serviert das Gericht lauwarm mit frisch gebackenem Brot und honiggesüßtem Jogurt.

(Etwas Lammfleisch, in kleine Würfel geschnitten, kann mit den Tomaten gegart werden.)

Tajine mit Spitzkohl und Kümmel

(für 3 – 4 Personen)

1 mittelgroßer Spitzkohl, gehobelt, 6 junge, mittelgroße Kartoffeln, gut abgebürstet und in 2-cm-Stücke zerteilt, 2 Tomaten, 2 mittelgroße Zwiebeln, 4 Knoblauchzehen, 2 Teel. Kümmel, 1 Teel. Cumin, 1 Teel. Curry, 1 Prise Rosenpaprika, 1 Tasse körnige Brühe, 1 Spritzer kaltgepresstes Olivenöl, Saft einer halben Zitrone, frische Blattpetersilie.

Tomaten vierteln, enthäuten und in die Tajine geben. Spitzkohl mit 1 Teel. Kümmel und dem Cumin mischen und auf die Tomaten geben. Knoblauch zerhacken, darüberstreuen. Kartoffeln auf den Spitzkohl schichten. Die körnige Brühe über das Gericht gießen und mit Curry, dem Paprikapulver und dem restlichen Kümmel bestreuen. Die Tajine gut verschließen, die Dampfsperre mit Wasser füllen und das Gericht ca. 1/2 Stunde bei milder Hitze kochen (je nachdem, wie gut der Topf eingekocht ist, braucht dieses Gericht längere oder kürzere Garzeiten). Der Kohl muss schön zart und weich sein, dann bespritzt man das Gericht mit dem Olivenöl und gibt den Zitronensaft darüber.

Schmeckt sehr gut mit frischem Jogurt und warmen Vollkornhefefladen.

Linsen mit orientalischen Gewürzen

(für 4 Personen)

375 g Linsen, 1 1/4 l kaltes Wasser mit 1 Essl. körniger Brühe vermischt, 3 mittelgroße Kartoffeln, in kleine Stücke zerteilt, 1 Stange Porree, in fingerdicke Stücke zerschnitten, 2 mittelgroße Möhren, der Länge nach geviertelt, 1 Zwiebel, geachtelt, 4 Knoblauchzehen, zerhackt und mit Salz bestreut, 1 saurer Apfel, geachtelt, 1 Teel. Cumin, zerstoßen, 1 Teel. Fenchel, zerstoßen, 1 Teel. Kümmel, zerstoßen, 7 Karamomschoten, ausgekratzt und die Samen zerstoßen (oder alle Samen durch die Flockenquetsche gedreht), 1 Teel. Liebstöckel, 1 Teel Curry, indische Mischung, 1 Essl. kaltgepresstes Öl (z.B. Sonnenblumenöl, besser Sesamöl aus dem Bioladen), evtl. 1/2 Teel. Hefewürzpaste, 1 Essl. Sonnenblumenkerne, frische Blattpetersilie.

Die Linsen werden 12 Stunden in kaltem Wasser (knapp bedeckt) eingeweicht und anschließend mit dem Einweichwasser, der Gemüsebrühe, dem Gemüse und den Gewürzen in die Tajine gegeben. Diese wird gut verschlossen, die Dampfsperre mit Wasser gefüllt. Nach dem Aufkochen auf geringste Stufe herunterschalten und ca. 45 Minuten köcheln lassen. In der Zwischenzeit den Apfel grob reiben. Wenn die Linsen sehr weich sind, gibt man den geriebenen Apfel hinzu und schmeckt mit der Hefewürzpaste ab. Die Sonnenblumenkerne werden vorsichtig in einer trockenen Pfanne goldbraun gebacken (sie brennen leicht an!) und anschließend über die Linsen gegeben. Vor dem Servieren bestreut man das Gericht mit der zerhackten Petersilie. Es sieht sehr schön aus, wenn man den Teller mit orangen oder gelben Kapuzinerkresse- oder Calendulablüten schmückt. Zum Essen reicht man Weizengrütze (Bulghur) oder kleine Buchweizencrepes und Jogurt mit klein gehackten Rosinen, zerstoßenem Kardamom (Flockenquetsche) und Honig. Man kann die Zutaten für den Jogurt auch im Mixer pürieren.

Nachtisch

Apfelreis

(für 4 Personen)

500 g Äpfel, 200 g Rundkornreis, 1 l heißes Wasser, Meersalz, 1 Essl. Butter oder Sonnenblumenöl, Zitronenschale einer ungespritzten Zitrone, Akazienhonig, Zimt.

Äpfel schälen, vierteln, entkernen, in Scheiben schneiden. Reis waschen. Äpfel, Reis, Wasser, eine Prise Meersalz, 1 Essl. Honig, Butter (oder Sonnenblumenöl) in die Tajine geben. Deckel verschließen, Dampfsperre mit Wasser füllen. Kurz aufkochen lassen und bei geringer Hitze etwa 40 Minuten köcheln. Die Tajine darf in dieser Zeit nicht geöffnet werden! Dann vorsichtig umrühren und evtl. etwas Wasser hinzugeben, wenn der Reis noch nicht weich und gar ist. Wenn es schließlich fertig ist, mit dem Honig beträufeln und dem Zimt bestreuen.

Bratäpfel

(für 4 Personen)

4 große, saure Äpfel (z.B. Boskop), 20 g Butter, 1 Essl. Vollrohrzucker, etwas Vanille, aus der Schote gelöst, 2 Essl. Rotwein, 2 Essl. Rosinen in den Wein einlegen, 1 Essl. zerhackte Mandeln, weiche Butter, Zimt und Vollrohrzucker vermischt.

Äpfel waschen, abtrocknen und das Kerngehäuse mit einem Küchenmesser oder dem Apfelausstecher entfernen. Butter mit Vollrohrzucker und Vanille verrühren. Weinrosinen mit den Mandeln unterrühren. Die Masse in die Äpfel füllen, in den Lehm- oder Tontopf setzen, mit Butterflocken bedecken und mit der Zimt-Vollrohrzucker-Mischung bestreuen. Den Deckel des Topfes gut aufsetzen, die Dampfsperre der Tajine mit Wasser füllen und bei mittlerer Hitze ca. 30 Minuten backen. (Bei einer neuen Tajine gibt man etwa 1/2 Tasse Wasser hinzu.)

Im Fernen Osten ist das Wort
Frieden – wa –
aus den Ideogrammen für
Getreide und Mund
zusammengesetzt.

Die Menschen der
alten Kulturen wussten intuitiv,
dass eine auf
Vollkorngetreide und Gemüse
beruhende Ernährungsweise
einen friedlichen Geist
und
eine friedvolle Gesellschaft hervorruft.

Michio Kushi

Der asiatische Wok

Die Chinesen erfanden den Wok, eine halbrund geformte Eisenpfanne mit hochgezogenem Rand, die über einer Feuerstelle ein schnelles und sehr delikates Garen von Speisen ermöglicht. Die gemüseeigenen Säfte bleiben erhalten, die Farbe des Gemüses wird intensiviert, und Vitamine werden geschont. Man kommt mit einem Minimum an Öl oder Fett aus – gerade so viel, wie der Organismus braucht, um die fettlöslichen Vitamine optimal aufzunehmen. Im Wok werden in den asiatischen Ländern Suppen, Fladen und natürlich delikate Gemüsespeisen hergestellt; man kann darin dünsten, braten, schmoren, kochen und frittieren. Von Indonesien über Vietnam, Thailand und Indien bis nach Afghanistan hinein wird man diesem Topf begegnen.

Worauf es beim Kochen mit einem Wok ankommt / Typische Woks und ihre Eigenheiten / Zubehör / Die Harmonie der Zutaten / Rezepte und Tipps / Exkurs: Mit Gasherden kochen wie ein Profi

Worauf es beim Kochen mit einem Wok ankommt

Auf den Punkt gebracht

Beim Kochen mit einem Wok werden die frischen Zutaten ständig schnell hin- und hergerührt. Dieses «Pfannenrühren» kommt mit enorm wenig Energie aus. In China stellen die Ärmsten der Bevölkerung eine mit fünf oder sechs Holzkohlen gefüllte Blechdose auf und setzen den Wok darauf. Die Hitze dieser Kohlen unter dem Topf reicht aus, ein komplettes Mahl für die ganze Familie zu kochen.

Ein Wundertopf? Der gewölbte Boden ist des Rätsels Lösung. Die Hitze – ob von Holzkohle oder einem modernen Küchenherd – erwärmt nur eine kleine Fläche des Woks, diese jedoch umso intensiver. Durch das ständige Rühren oder «Wirbeln» wird das Gargut kurzzeitig einer extremen Wärmeeinwirkung ausgesetzt. Gut leitbares Material ist die Voraussetzung, dass die Hitze schnell und gleichmäßig an den Wänden des Topfes hochsteigt und dort gehalten wird. *Fett* ist ein weiteres Geheimnis der besonderen Garkunst. Es kann bei diesem Topf sehr sparsam verwendet werden, weil es stets in die Kochmulde zurückläuft und alle Zutaten den Weg durch diese Mulde gehen. Auch die *feine Zerteilung der Zutaten* trägt zum schnellen und energiesparenden Kochen bei.

Gemüse optimal «nachreifen» lassen

Reife Früchte besitzen einen hohen Wert für die menschliche Ernährung. Rohkost sollte daher in einem ausgewogenen Speiseplan nicht fehlen. Ebenso wichtig ist aber auch das schonende Kochen von Gemüse. Ein wesentliches Argument für schonendes Kochen ist das Geschmackserlebnis: Aromen, die den Geschmack bestimmen und den Appetit anregen, entfalten sich bei den meisten Speisen nur durch sanftes Garen. Und schließlich werden einige Früchte, wie Bohnen oder Kartoffeln, überhaupt erst durch Kochen genießbar.

Eine derart «nachgereifte» Speise – z.B. Gemüse, Getreide oder Hülsenfrüchte – wird für den Menschen bekömmlicher, wenn sich die Düfte optimal entfalten. Durch das beschriebene «Pfannenrühren» werden die Reifungsprozesse im Gemüse vollendet. Im Kern bleibt das Kochgut roh und frisch, die mit Öl und Wärme konfrontierten Außenseiten hingegen entwickeln ihr höchstes Aroma. Diese vom Garungsprozess freigesetzten Aromen verlocken mit ihrem Duft und lassen uns das «Wasser im Mund zusammenlaufen». Der Wok ist also ein Universal- und Allzweckgerät, mit dem das Garen von Speisen als eine Form der «Nachreifung» geradezu optimal zu bewerkstelligen ist.

Typische Woks und ihre Eigenheiten

Die Urform des Woks sieht aus wie ein umgedrehter chinesischer Hut. Mit der Spitze wird dieses Kochgerät über das Zentrum einer Feuerstelle gesetzt, z.B. in einem eigens dafür ausgesparten Loch. Wer noch einen alten Kohle- oder Holzofen in der Küche stehen hat, könnte sich – sofern erhältlich – einen solchen Wok besorgen. Für die modernen Küchenherde sind gewölbte Böden allerdings nicht verwendbar. Selten erhält man einen speziellen Aufsatz für Gasherde, der das ständige Abrutschen des schweren Topfs von der Herdstelle verhindert.

Woks in unterschiedlichen Ausfertigungen

Da fast alle Haushalte in Deutschland mit Elektro- oder Gasherden ausgestattet sind, ist der Wok den Verhältnissen angepasst worden. Die meisten Woks haben einen flachen Boden. Es gibt sie in verschiedenen Größen. Die Materialvielfalt reicht von Gusseisen, Gusseisen mit dezenter Emaillebeschichtung, Edelstahl, Stahlemaille, Aluminium bis hin zu Kupfer. Es hängt vom persönlichen Geschmack und der Häufigkeit der Anwendung ab, welchen Wok man bevorzugt. Beim Kauf ist darauf zu achten, dass der Wok schwer und stabil ist, denn nur dann ist die optimale Hitzeleitung gewährleistet. Billige Ausführungen taugen nichts.

Der Wok aus *Gusseisen* ist sehr stabil und die preisgünstigste Ausführung. Er muss regelmäßig benutzt oder nach dem Gebrauch geölt werden. Bei häufigem Gebrauch erledigt sich das Ölen durch den Kochvorgang von selbst. Mit Seifenlauge wird dieser Wok nur ausnahmsweise behandelt, z.B. nach der Zubereitung von geruchsintensiven Speisen wie Fisch. In der Regel reicht es aus, ihn nach der Benutzung mit heißem Wasser und einer Bürste oder einem im Asiahandel erhältlichen speziellen Bambusbesen zu reinigen. Da sich aufgrund der Technik des «Wirbelns» kaum etwas am Pfannenrand absetzt, ist auch die Säuberung des Kochgeräts denkbar einfach und schnell.

Ein gusseiserner Wok

Edelstahlwoks sind deutlich teurer, leiten – wenn der Boden dick genug ist – die Wärme ausgezeichnet und sind – auch bei seltener Anwendung – leicht zu pflegen.

Für gesellige Runden werden *Elektro-Woks* angepriesen. Sie sind tefalbeschichtet und haben außer der Garmethode eigentlich nichts mehr von der Ursprünglichkeit des chinesischen Woks. Für das Pfannenrühren genügt die Temperatur dieser «Partywoks» meiner Erfahrung nach nicht. Die Folge ist ein stark zergartes, viel zu öliges Essen.

Wer mit dem Wok eine gesellige Runde beköstigen möchte, kann besser eine Feuerstelle einrichten und z.B. über einem Grillfeuer das Gemüse durch den Topf wirbeln. Erhältlich sind auch Rechauds aus Gusseisen oder Edelstahl, die speziell für die Tischzubereitung entwickelt wurden.

Zubehör

Dämpfgitter und Siebe

Um Gemüsespeisen optimal zu dämpfen, gibt es spezielle *Gemüsegitter* oder *-siebe*, die in den Wok gesetzt werden können. Diese Dämpfeinsätze können aus Bambus, Holz oder Metall sein. Bambuskörbe sind stapelbar und machen es möglich, mehrere Speisen gleichzeitig zu bereiten.

Man füllt zum Dämpfen den Wok zu 1/7 mit Wasser, schließt den Topf dann mit dem dazugehörigen Deckel und bringt das Wasser zum Sieden. Nun werden die Dämpfeinsätze mit den Speisen hineingesetzt und bei geschlossenem Deckel in nur wenigen Minuten gegart.

Schonend gegart werden Speisen auch bei der sogenannten «Nassdämpfmethode». Hierzu gibt man die Speisen in eine feuerfeste Form mit Deckel (oder mit einem Teller abgedeckt), die in den mit wenig Wasser gefüllten Wok gestellt wird. Das Gefäß sollte nicht ganz bis zur Hälfte im Wasser stehen. Nun wird mit geschlossenem Deckel gedämpft.

Weitere sinnvolle Utensilien

Schöpflöffel aller Art können durch die dekorativen asiatischen *Sieblöffel* mit Messingdrahtgeflecht und Bambusstiel ersetzt werden. Ein hölzerner *Topfwender* zerkratzt nicht die Wände. *Kochstäbchen* aus Holz liegen vielen Woks beim Kauf bei. Wer gut mit Essstäbchen umgehen kann, wird gerne die übergroßen Kochstäbchen zum schnellen und gezielten Wenden der einzelnen Speisezutaten benutzen. Ansonsten hilft eine schmale hölzerne Küchenzange.

Sauber bürsten – nicht schälen

Das Putzen und Zuschneiden der einzelnen Zutaten wird beim Kochen mit dem Wok der langwierigste Arbeitsvorgang sein. Das Garen selbst dauert dann nur wenige Minuten. Zunächst braucht man also eine *Gemüsebürste*, um in kaltem Wasser z.B. Wurzelgemüse und Lauch kräftig zu schrubben. Geschält wird Gemüse nur, wenn es sich um beschädigtes oder sehr altes Gemüse handelt, denn bekanntlich konzentrieren sich die meisten Vitamine und Mineralstoffe unter der Schale.

Gute Messer für schnelles Schneiden

Anschließend bleibt es Lust und Zeit überlassen, wie kunstvoll man die Stücke zuschneiden möchte. Geschwind geht diese Tätigkeit von der Hand, wenn man etwas Übung im Umgang mit dem *Küchenmesser* hat. Natürlich kommt es auch auf die Qualität des Messers an. Es ist unumgänglich, sich hochwertige Küchenmesser zuzulegen und diese regelmäßig zu schärfen.

Mit feinen Messern werden (kunstvolle) Feinarbeiten gemeistert, große, schwere Messer dienen der schnellen und sorgfältigen Zerteilung von Lebensmitteln. Ein *Küchenbeil* wird von chinesischen und japanischen Köchen bevorzugt. Dieses schwere, sehr scharfe Messer eignet sich zum blitzschnellen Hacken von Gemüse. Die fertig gehackten Zutaten können mit dem Küchenbeil einfach «aufgeschaufelt» und in den Topf gegeben werden. Mit einem *Sparschäler* (Kartoffelschälmesser) kann man in kurzer Zeit sehr feine Streifen – z.B. von dicken Möhren – hobeln. Mit dem *Gemüsemesser* werden diese Streifen dann flugs in dünne Möhrenstifte geschnitten. Lauch zerteilt man in zarte Ringe. Paprikaschoten werden der Länge nach filetiert und anschließend gebündelt in kleine Quadrate geschnitten.

Die Harmonie der Zutaten

Zerteilen in gleich große Stücke

Die asiatische Kochkunst lehrt uns das Zerteilen in gleich große Stücke. Wenn man z.B. einen Eintopf mit grünen Bohnen kocht, werden alle Zutaten auf das durch die Bohnen vorbestimmte Format gebracht. In diesem Fall werden entsprechend längliche Stücke geschnitten. Soll Fleisch mitgegart werden, orientiert man sich an der Form der Fleischstückchen.

Geben Sie die Zutaten ihrer Garzeit entsprechend lange bzw. kurz in den Wok. Zunächst werden Speisen mit langer Garzeit ins heiße Fett gegeben: Fleisch, Bohnen, harte Wurzeln. Anschließend folgen weichere Gemüsesorten: Zwiebeln, Ingwer, Paprika und schließlich z.B. Pilze. Blätter und Gewürze werden zuletzt hinzugefügt. Eine Ausnahme ist Kohl, der gerne zuerst ins Fett gegeben wird.

Die Kunst des Kochens

Es bedarf vielleicht zunächst einiger Übung, doch ist gerade das Zerteilen von Gemüse eine sehr sinnliche und meditative Tätigkeit. In asiatischen Ländern wird das Kochen als die höchste Kunst geschätzt. Der Mensch wird schöpferisch tätig und führt die Nahrungsprozesse fort.

In nur wenigen Tropfen *Öl,* vorwiegend jedoch im eigenen Saft, wird die Speise im Wok gegart. Bei der hohen Erhitzung im Wok bleibt die Wahl des richtigen Öls immer ein Problem. Auf die wenig stabilen unraffinierten Öle muss beim Garen mit hohen Temperaturen verzichtet werden. Sie können tröpfchenweise eine fertige Speise bereichern. Bedingt hitzebeständig sind das helle, unraffinierte Sesamöl und das extra-native Olivenöl. Wer ein geschmacksneutrales Öl wünscht, muss auf raffinierte Öle zurückgreifen. Typisch für asiatische Speisen ist das Erdnussöl (zum Thema «Öl» s. Extrakasten).

Öle

Qualitativ hochwertige Öle sind wesentlich für die Gesundheit. Sie werden bei niedrigen Temperaturen aus Saaten, Getreide, Früchten und Nüssen gepresst. Diese Öle werden als kaltgepresst ausgewiesen. Olivenöl trägt als genauere Bezeichnung noch «extra nativ». Kaltgepresste Öle sind nährstoffhaltig und nur geringfügig gefiltert. Außerdem besitzen sie noch ihre eigene Note – ihr Aroma.

Das Problem ist, dass die meisten unraffinierten natürlichen Öle nicht hoch erhitzt werden können, weil sie dann ranzig und damit giftig werden. Sie sind daher für das Braten in Pfanne und Wok ungeeignet. Logischerweise ist das Braten in kaltgepresstem Öl unsinnig, da wertvolle Inhaltsstoffe durch die hohe Erwärmung vernichtet werden (außer bei Olivenöl, s. unten).

Raffinieren: Durch das Extrahieren mit dem Lösungsmittel Hexan unter großer Hitze oder sehr hohem Druck erhält man eine wesentliche höhere Ölausbeute. Allerdings muss das Öl anschließend mit Natriumhydroxid (Salzsäure) neutralisiert werden. Reste von Chemikalien sind ein Grund mehr, auf diese für die Ernährung «toten», farb- und geruchsarmen Speiseöle zu verzichten. Die sogenannten essentiellen (lebensnotwendigen) Fettsäuren, die der Körper nicht selbst aufbauen kann, sind im extrahierten Öl zerstört.
Ein zusätzliches Verfahren ist der sogenannte Härtungsprozess. Hierbei werden die mehrfach ungesättigten Fettsäuren in unterschiedlichen Graden «abgesättigt». Es entstehen für den menschlichen Organismus relativ belanglose Fette, die darüber hinaus schwer verdaulich sind.
Es gibt aber einige unraffinierte Pflanzenöle, die zum Teil auch für spezielle natürliche Garmethoden geeignet sind. Oft erhält man diese Öle und Fette nur im Naturkost- oder Reformwarenhandel. Wer genau hinsieht und die Deklaration verstehen kann, findet aber auch in Supermärkten qualitativ wertvolles Öl. Asialäden bieten ebenfalls gute Zutaten, die allerdings häufig nicht genau deklariert sind. Aus kontrolliert biologischem Anbau sind diese Produkte nicht.

Sesamöl: In Asialäden wird meist ein sehr dunkles, geröstetes Sesamöl mit durchdringendem Geruch und Geschmack angeboten. Es handelt sich hierbei um ein mit Hexan extrahiertes Öl. Dieses Öl wird ausschließlich als Würzöl verwendet.
Seamöl ist leicht zu pressen. Schonend gepresste Sesamöle werden im Naturkosthandel angeboten. Sie sind hell, riechen nach frisch geröstetem Sesam und enthalten noch alle wichtigen Inhaltsstoffe eines guten Öls. Für den Wok sind sie bedingt geeignet, weil sie die kurze heiße Garung knapp überstehen.

Sonnenblumenöl: Kaltgepresstes Sonnenblumenöl gibt es auch im Supermarkt. Leider ist man sich hier nie sicher, ob das Öl «desodoriert» wurde, d.h. bei über 100 °C «gewaschen». Allerdings eignet sich ein solches Öl fürs «Pfannenrühren», denn es ist relativ geschmacksneutral und hitzebeständig. Qualitativ hochwertiges, unraffiniertes Sonnenblumenöl bietet der Biohandel. Es enthält sehr viele ungesättigte Fettsäuren und ist deshalb nicht hoch erhitzbar, also nicht für den Wok geeignet, sondern wird tröpfchenweise der fertigen Speise zugeführt.

Olivenöl: Olivenöl hat sehr viele einfach ungesättigte Fettsäuren und ist dadurch wesentlich hitzebeständiger als Öle mit einem hohen Anteil an mehrfach ungesättigten Fettsäuren; es besitzt allerdings auch einen starken Eigengeschmack, der z.B. zu asiatischen Speisen nicht passt. Für den Wok ist es daher weniger geeignet. Wer die Vorteile des Woks dennoch nutzen möchte und weniger Wert auf «original asiatische» Küche legt, findet viele gute Olivenöle, die einen sehr milden Geschmack haben.

Erdnussöl: Dies ist ein traditionelles Öl der asiatischen Küche, es ist raffiniert, für hohe Temperaturen geeignet und dabei geschmacksneutral.

Andere Öle: Leinsamenöl, Mandelöl und Walnussöl, selten auch Baumwollsamenöl, werden als Öle für die gesundheitliche Aufwertung einer Speise empfohlen. Man gibt einige Tropfen auf die fertige Speise.

Kokosfett und Palmkernöl: Sie sind in ihrer Zusammensetzung Fette, die ideal und problemlos erhitzt werden können, ohne durch einen Eigengeschmack zu dominieren. Die Vollwertküche lehnt diese Fette zwar als für die menschliche Ernährung relativ belanglos ab, doch sind sie die einzige Alternative für ein geruch- und geschmackloses Öl zum Braten. Es gibt einige Sorten Kokosfett und Palmkernöl im Angebot des Naturkost- und Reformkosthandels, die nicht so stark denaturiert wurden, allerdings auch nicht so hitzebeständig sind wie ein konventionelles Vergleichsprodukt (Vorsicht beim Frittieren).

Sojasoßen Mit dem asiatischen Kochgeschirr kamen auch einige sehr interessante Lebensmittel in unsere Küche, die sich besonders für die Zubereitung von Speisen im Wok anbieten. Ein Hauptbestandteil der fernöstlichen Küche ist die *Sojasoße*. Nach kurzem Anschwenken in Öl wird das Gemüse mit Sojasoße beträufelt und damit nicht nur bekömmlich gesalzen, sondern auch dezent gewürzt.

Das Besondere an den traditionellen Sojasoßen ist ihre aufwendige Zubereitungsweise. Sojabohnen, teilweise auch Weizen und Meersalz, werden mit einem Enzymträger, dem Koji (mit speziellen Bakterien geimpftes Getreide), versetzt. Die Masse wird in Bottichen unter Druck vergoren und im besten Fall mehrere Jahre lang gereift. Echte Sojasoßen sind Shoyu (aus Sojabohnen und Weizen hergestellt) und Tamari (besteht nur aus Sojabohnen). Die Qualität von Shoyu kann man prüfen, indem man es in Wasser gibt. Gutes Shoyu sinkt auf den Grund und zerstreut sich schließlich in kleine Kügelchen, billige Sojasoße bleibt dagegen an der Oberfläche und vermengt sich rasch mit dem Wasser. Beide traditionell hergestellten Sojasoßen – Shoyu und Tamari – eignen sich für die Anwendung im Wok.

Miso Eine feine Masse aus Sojabohnen, unraffiniertem Meersalz und gewöhnlich aus vergorener Gerste oder Reis, die miteinander gereift und eine neue Verbindung eingegangen sind, nennt man *Miso*. Die Zutaten werden aufgekocht und mit Koji geimpft, um den Gärprozess zu fördern (siehe Shoyu). Danach wird das Gemisch mindestens ein Jahr lang gereift. Es gibt verschiedene Misosorten, die von mild bis «maggi» (= deftig) reichen. Je nach Intensität wird Miso kräftig oder sparsam verwendet.

Die *Misosuppe* erlangte Weltruhm. Nach kurzem Anschwitzen im Wok wird das Gemüse (traditionell auch Meeresgemüse, verschiedene Pilze und Bohnen) mit Wasser übergossen. Die Hitze abstellen, wenn man die gewünschte Portion Miso hinzugibt.

Sojasoßen und Miso stammen ursprünglich aus Japan und den asiatischen Ländern. Inzwischen werden diese Spezialitäten auch in Deutschland produziert, und zwar in kontrolliert ökologischer Qualität – vom Anbau der Sojabohnen bis zur Abfüllung.

Rezepte und Tipps

Nudelnester

(für 4 Personen)

200 g feine chinesische Weizennudeln (Alternative: sehr schmale italienische Tagliolini), Salz, Öl zum Frittieren. 2 asiatische Siebe, die ineinander und in einen Wok passen.

Nudeln in heißem Wasser einweichen (italienische Nudeln halbgar kochen). Abschrecken, mit einem fusselfreien Tuch abtupfen. Das Größere der beiden Siebe mit einem Viertel der Nudeln auslegen. Man sollte die Nudeln in Mustern auslegen, weil das «Nudelnest» dann sehr hübsch aussieht. Das zweite Sieb wird nun so über die Nudeln gebettet, dass diese an Ort und Stelle gehalten werden. Im Wok wird das Öl zum Sieden gebracht. Die Nudelnester in das siedende Öl tauchen, bis sie blassgelb gebacken sind. Herausnehmen und abkühlen lassen. Danach das Nest ein zweites Mal ausbacken, bis die Nudeln goldbraun ausgebacken sind.

Würzmischung für exotische Speisen

1 Messerspitze Kümmel, 6 Kardamomkapseln, ausgekratzt, einige Senfkörner, 1 flacher Teel. Cuminkörner, 1 sehr kleines Stückchen Zimt, 1 Prise Kurkuma, 1 Stückchen getrocknete rote Pfefferschote, 1 Stückchen Ingwer, Meersalz.

Alle Zutaten – bis auf den Ingwer – in den Mörser oder mehrmals durch eine (gut zu reinigende) Flockenquetsche geben. Ingwer durch eine Knoblauchpresse hineindrücken. Mit Meersalz vermischen und mit Sonnenblumen- oder Erdnussöl leicht bedecken. Vorsichtig abschmecken.

Eingelegte Tofuwürfel auf knackigem Gemüsebett
(für 4 – 5 Personen)

Tofu natur (Sojakäse) in 1-cm-Würfel schneiden und über Nacht in einer Marinade aus 2 Essl. Shoyu, 1/2 Teel. dünnflüssigem Honig, 1 Teel. Sesamöl, 1 feinstgewürfelten Knoblauchzehe und 1/2 Teel. fein zerhacktem Korianderkraut ziehen lassen.

Ein Stück frische Ingwerwurzel (2 cm groß) schälen und in kleine Würfel schneiden. In eine Tasse geben und mit 1 Teel. Honig vermischen. Ebenfalls über Nacht ziehen lassen.

1 große Möhre, 2 frische Lauchzwiebeln, 1 rote Paprika und 3 bis 4 Shiitake-Pilze (aus dem Bioladen, dem Supermarkt oder dem Asiahandel). Frische Pilze werden in Scheiben geschnitten, getrocknete Pilze müssen zunächst ca. 2 Stunden in Wasser eingeweicht werden. Die Möhre in Stifte schneiden, die Lauchzwiebel der Länge nach vierteln und dann ebenfalls in Stifte schneiden. Die Paprika halbieren, entkernen und in feine Spalten zertrennen, die dann nochmals halbiert werden.

1 Essl. Öl im Wok erhitzen, die Tofuwürfel hineingeben und vorsichtig von allen Seiten kurz anbräunen. Dann die Ingwerstückchen, die inzwischen in einem delikaten Saft liegen, in den Wok geben und sofort hinterher die Gemüsestückchen. Unter ständigem Rühren von allen Seiten knackig braten. Mit Shoyu abschmecken, servieren.

Man reicht dazu Reis und scharfe Chilipaste (z.B. Sambal Oelek).

Kürbissuppe aus dem Wok

Im Wok kann man auch «ganz normal» kochen. Diese Kürbissuppe wird mit dem orangen Hokaido-Kürbis gekocht, den man im Herbst und Winter immer häufiger auf Wochenmärkten oder in Naturkostgeschäften angeboten bekommt. Der Kürbis wird nur kräftig mit der Gemüsebürste geschrubbt und nicht geschält, in 2-cm-Würfel geschnitten. 1 mittelgroße Zwiebel in Würfel schneiden, in den Wok geben und in etwas Butter glasig braten. Mit

1 Essl. körnige Brühe bestreuen, die Kürbiswüfel hinzugeben und unter kräftigem Rühren von allen Seiten kurz glasieren. So viel Wasser auf die Kürbisstücke geben, bis diese knapp bedeckt sind, 2 Lorbeerblätter und einige zermahlene oder frisch gequetschte Cuminkörner (je nach Geschmack) und eine Prise Currypulver (mild) hineingeben und mit geschlossenem Deckel ca. 40 Minuten köcheln lassen. Wenn die Kürbisstückchen ganz leicht zu zermusen sind, die Lorbeerblätter entfernen und die Kürbisstückchen mit einem Kartoffelstampfer zerdrücken, 1 Knoblauchzehe hineinpressen, 1 Essl. Zitronensaft und etwas Chilipulver zum Schärfen hinzugeben, mit Sojasoße abschmecken.

Tipp: Pro Person 1 Essl. gehackte Haselnüsse und rote Zwiebelstückchen in einer Pfanne rösten, mit Kräutersalz bestreuen und frische, fein gehackte Petersilie untermengen. Die Mischung in einer Schale zu der Suppe servieren. Die Suppe in schöne Suppentassen füllen und mit der Nussmischung bestreuen. Dazu serviert man scharfe Chilipaste oder Tabasco.

Nudelsuppe «Asia»

(für 3 – 4 Personen)

In 1 Liter Wasser vier bis fünf getrocknete Shiitakepilze ca. 2 Stunden einweichen. Ein Stück Ingwerwurzel (2 cm groß) in feine Würfel schneiden und mit Honig bedecken, ebenfalls 2 Stunden ruhen lassen. Frisches Gemüse der Saison, z.B. 1 Möhre, 1 kleine Stange Lauch, 1 Stück Sellerie in feine Stifte zerteilen. Die Pilze aus dem Wasser nehmen, in Scheiben schneiden. Das Einweichwasser in den Wok füllen, die Pilze und die Ingwerstückchen hineingeben und mit körniger Brühe zum Kochen bringen, 10 Minuten köcheln lassen, Gemüsestifte hineingeben und weitere 3 bis 5 Minuten köcheln lassen. Mit Sojasoße und Chilipulver abschmecken. Mit etwas Pfeilwurzelmehl (aus dem Bioladen oder dem Reformhaus) nach Geschmack andicken.

Paralell dazu wird in einem anderen Topf Wasser mit 1 Prise Meersalz und etwas Öl zum Kochen gebracht. Bifun-Reisnudeln (ca. 100 g) ins kochende Wasser geben und etwa 5 Minuten kochen lassen. Durch ein Sieb abgießen, unter kaltem Wasser kurz abschrecken, das Wasser gut abschütteln, die Nudeln auf ein trockenes großes Küchenbrett kippen und in ca. 10 cm große Stücke schneiden. Den Wok auf den Tisch stellen und die Nudeln erst jetzt auf die Suppe geben. Mit etwas zerhacktem Korianderkraut oder – wem das zu exotisch mundet – mit zerhackter Petersilie bestreuen.

Gemüse in Kokosmilch

(für 3 Personen)

3 Lauchzwiebeln oder 1 rote Zwiebel bzw. 2 Schalotten in feine Ringe schneiden, 1 Knoblauchzehe in Scheiben zerteilen und in etwas Sojasoße (Shoyu) marinieren. 1 große Möhre in feine Stifte schneiden, 1/2 grüne Paprika und 1/2 rote Paprika in feine Spalte trennen, 100 g Zuckererbsen auftrennen, die Samen herauskratzen und die Schote in feine Spalte zerschneiden. 50 g Sojabohnensprossen (frisch aus dem Asiengeschäft oder aus dem Glas, dann abtropfen lassen).

Den Wok auf die Herdstelle setzen und in dem ungefetteten Wok ca. 50 g Mandelsplitter kurz bräunen, bis sie duften (Vorsicht, brennen schnell an!). Mandelsplitter in eine Schale kippen, 1 Essl. Öl in den Wok geben, vorbereitetes Gemüse hineingeben und unter schnellem Rühren anbraten. Mit etwas Sojasoße würzen, frischen Pfeffer aus der Mühle hinzugeben, möglicherweise etwas zermahlenen oder gequetschten Cumin. Wenn das Gemüse schön knackig, aber noch bissfest ist, füllt man 1/8 l Kokosmilch hinzu. Kurz aufkochen lassen, dann die Hitze abstellen, den Deckel auf den Wok geben und das heiße Gericht einige Minuten ziehen lassen. Kurz vor dem Servieren mit den gerösteten Mandelsplittern und etwas zerhacktem Korianderkraut bestreuen. Mit duftendem Reis und Chilisoße servieren.

Wer Fleisch wünscht, sollte dieses in kleine Stückchen zerteilen, in Sojasoße marinieren und als erste Zutat in das Öl geben. Von allen Seiten bräunen und schließlich das Gemüse hinzugeben.

Tipp: Kokosmilch bekommt man fertig in Dosen (Asialaden oder Supermarkt) und als Instantpulver. Man kann sie aus frischen Kokosraspeln aber auch selbst herstellen. Die ungesüßten – frischen oder getrockneten – Kokosraspeln werden mit kochendem Wasser übergossen, 20 Minuten ziehen lassen. Anschließend durch ein Tuch gießen und dieses fest auspressen. Die aufgefangene Flüssigkeit nennt man Kokosmilch, während die Flüssigkeit in der Kokosnuss als Kokoswasser bezeichnet wird. Je nachdem, wie viel heißes Wasser man auf die entsprechende Menge Raspeln gießt, lässt sich die Konsistenz variieren, und man enthält entweder eine cremige «Sahne» oder eine dünne «Milch» Versuchen Sie es mit 500 ml heißem Wasser auf 250 g Kokosraspeln.

Exkurs: Mit Gasherden kochen wie ein Profi

«Punktgenau» kochen mit Gasherden

Zugegeben, die Elektroherde sind besser geworden – aber sind sie deswegen gut? «Auf den Punkt genau» kochen Profis auf Gasherden. Selbst empfindlichste Speisen lassen sich einfacher herstellen, wenn man die Hitze «sieht» und sie vor allem direkt dosieren kann. Außerdem ist Gas sparsamer als Strom – und umweltfreundlicher!

Ein Blick in die traditionellen Küchen der Welt zeigt: Die Hitze beim Kochen kommt stets vom Feuer. Das Kochen auf der Elektroplatte ist mit den dort verwendeten Lehmtöpfen bzw. Gußpfannen – etwa dem asiatischen Wok oder der nordafrikanischen Tajine – nur eingeschränkt möglich. Woks müssen z.B. für die Elektroplatte mit einem speziell abgeflachten, schweren Boden hergestellt werden. Auch wenn das Kochgeschirr der Herdplatte angepasst ist, kocht man auf Elektroplatten nicht so komfortabel wie auf der Gasflamme. Die Punktgenauigkeit beim Kochen ist für viele Speisen wichtig – mit Gas ist es wesentlich einfacher, die Hitze genau zu regulieren.

Die Qualität der Wärme

Lebensenergie, wie sie in den Nahrungsmitteln enthalten ist, wird durch Kochen verändert. Und es ist beileibe nicht gleichgültig, auf welcher Wärme- oder Energiequelle dieser Kochprozess vollzogen wird. Rudolf Hauschka beschrieb bereits 1951 in seinem Grundlagenwerk *Ernährungslehre* die unterschiedlichen Wärmequellen. Er entdeckte, dass das Kochen mit Elektrizität eine ungünstige Auswirkung auf die gekochte Nahrung hat.

«Die Elektrizität spielt ja immer und überall die Rolle des verdichtenden Agens ... Sie verdichtet auch den Sauerstoff zu Ozon; während das Licht verstrahlt, ist die Elektrizität eine materialisierende Kraft. Man kann sie als den Gegenpol des Lichtes, als das zur Erde gehörige ‹Gegenlicht› bezeichnen. Wenn durch die Kraft der Elektrizität der Draht erglüht, dann ist es nicht ein dem Universum zugewendeter Feuerlöseprozess, sondern ein leidendes Erglühen unter dem Zwange der Gewalt des Gegenlichtes.»

Es stellt sich die Frage: Ist es nicht paradox, dass Wärme zu Energie verwandelt werden muss, um mit einem Verlust von ca. 60% wieder als Wärme auf der Kochplatte zu erscheinen? Diese Energieverschwendung können sich nur die reichen Industrienationen leisten.

Gutes Design und hoher Komfort

Obgleich in Deutschland rund 16 Millionen Haushalte an eine Erdgasleitung angeschlossen sind, kocht nur etwa die Hälfte auf einem Gasherd. Eine Gasleitung in die Küche legen zu lassen ist so einfach wie das Verlegen eines Heizungsrohrs. Wen Sorgen wegen der beim Kochen mit Gas entstehenden Stickoxide plagen, sei beruhigt: Hier reicht eine gute Belüftung der Küche aus.

Das Kochen auf Gas ist heutzutage mit jedem nur denkbaren Komfort verbunden. Es gibt Gasherde in jeder Größe und mit allen möglichen Funktionen ausgerüstet. Auch das Design entspricht den modernen Anforderungen: ob rustikal, in vielen Farben emailliert oder in moderner Edelstahl-Glas-Kombination, als Einbauelement oder als formschöner Mittelpunkt der Küche, mit zwei, drei, vier oder mehr Flammen, mit eingebautem Grill, mit verschiedenen Backofenelementen – es gibt nichts, was es nicht gibt!

Gas – saubere und sichere Energie

Elektroherde sind sicherlich aufgrund der massiven Werbekampagnen unserer Stromversorger so populär geworden; ein anderer Grund liegt in der weit verbreiteten Angst vor den «unsichtbaren» Gefahren von Gas. Diese Ängste waren bis zur Umstellung auf Erdgas auch durchaus berechtigt. Aus der Leitung kommt heute aber ein völlig anderes Gas als das früher übliche Propan oder Butan; man bezeichnet es landläufig als «Erdgas». Es handelt sich dabei um Methan, ein Gas, das leichter ist als Luft. Methan wird mit einem Geruchsstoff «sichtbar» gemacht. Sollte Gas austreten, schwebt es sofort nach oben. Auf seinem Weg durch den Raum wird es unverzüglich gerochen, so dass Vorsichtsmaßnahmen (veralteten Herd abstellen etc.) vorgenommen werden können. Nur selten kommt es zu einer wirklich entzündungsgefährlichen Mischung mit Sauerstoff, da das Gas aus vielen undichten Kanälen (offene Tür, undichte Fenster etc.) entweichen kann.

Gasleitungen werden vom Fachmann installiert und regelmäßig gewartet. Sicherheitsvorschriften gibt es auch für die Gasherde selbst. Sobald die Flamme erlischt, muss sich automatisch die Gaszufuhr abstellen – z.B. wenn die Suppe einmal überkocht. Moderne Geräte haben darüber hinaus eine thermoelektrische Flammensicherung, die sich auch automatisch abstellt, wenn kein Topf auf der Herdstelle steht.

Das Kochen mit Gas ist also, genau betrachtet, sicherer als die Verwendung von Elektroplatten, die jeder schon einmal abzustellen vergessen hat und die rotglühend leicht zur Ursache für einen Wohnungsbrand werden können.

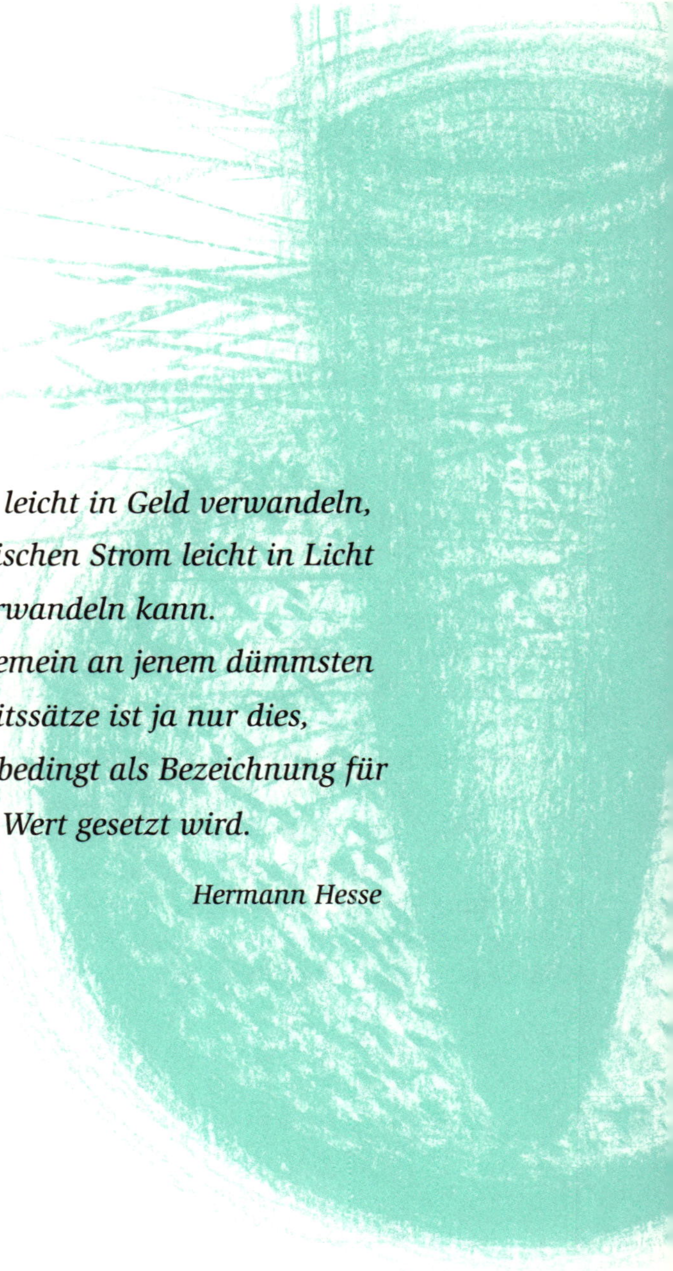

Man kann Zeit leicht in Geld verwandeln,
wie man elektrischen Strom leicht in Licht
und Wärme verwandeln kann.
Irrsinnig und gemein an jenem dümmsten
aller Menschheitssätze ist ja nur dies,
dass «Geld» unbedingt als Bezeichnung für
einen höchsten Wert gesetzt wird.

Hermann Hesse

Der Stuplich-Topf: Garen bei Niedrigtemperaturen

Vor etwa einhundert Jahren ist die Elektrizität in die Haushalte der Industriegesellschaften eingezogen. Elektrisch betriebene Pfannen, Kessel und auch Töpfe waren nach dem 1. Weltkrieg eine hochmoderne Anschaffung. Bevor es moderne Einbauküchen und Kochzeilen bzw. Elektroherde gab, waren es einzelne Geräte, die mit Stromzufuhr eine damals besondere Leistung erbrachten. Heute sind zahlreiche weitere Haushaltsgeräte des täglichen Gebrauchs, wie Eierkocher, Wasserkocher, Kaffeemaschine etc., von der Steckdose abhängig – und ein Ende dieser Entwicklung ist noch nicht abzusehen.

Einen Topf an ein Kabel anzuschließen – so das Prinzip des Stuplich-Topfs – kommt manchen indessen merkwürdig vor, wo man doch gewöhnlich auf einer Herdstelle kocht. Und dann noch ein Topf, der angeblich ohne weiteres Zutun eine Mahlzeit von selbst bereitet? Ein «Selbstkochtopf an einer Bügeleisenschnur»? Das macht neugierig und nachdenklich.

Wie funktioniert der Stuplich-Topf?

Wie funktioniert der «Stuplich-Topf»?

Der Niedrigtemperatur-Gartopf

Der Niedrigtemperatur-Gartopf, der seinen Namen – Stuplich-Topf – seinem Erfinder Rai Stuplich verdankt, ist ein Elektrogerät, das mit einer Leistung von 100 bzw. 170 Watt auskommt (eine Herdplatte arbeitet beispielsweise mit 500 bis 2500 Watt). Die zunächst so gravierend erscheinende Energieerparnis relativiert sich allerdings, wenn die lange Garzeit von vier Stunden berücksichtigt wird. Dennoch bleibt der Stromverbrauch dem Einsatz von etwa zwei bis drei Glühbirnen vergleichbar. Wer also nur mit Stuplich-Topf kocht – was durchaus denkbar ist –, wird mit der veränderten Lebensweise sicherlich auch deutlich weniger Energie verbrauchen.

Der Stuplich-Topf, gefüllt mit verschiedenen Gemüsen

Man sollte beim Niedrigtemperatur-Gartopf aber nicht gleichzeitig von einem Energiespartopf sprechen. Hier wäre das genaue Gegenteil des Stuplich-Topfes, nämlich der Schnellkochtopf, der geringere Energieverbraucher, zumindest über der Gasflamme – allerdings zu Lasten der Vitalstoffe im Gargut.

Vitamine und Enzyme schonen

Wer nun glaubt, dass ein solchermaßen zubereitetes Mahl halb roh oder verdorben sein könnte, liegt völlig falsch. Die Garung mit niedrigen Temperaturen ist nicht nur äußerst effektiv, sie ist auch gesund und schmackhaft. Die Wärme dringt langsam und behutsam in das Gargut ein und schließt die Speisen schonend auf. Keime und Bakterien haben keine Chance in diesen sich auf über 80 °C erwärmenden Speisen. Dafür werden viele lebenswichtige Vitamine und insbesondere Enzyme geschont, die bei einer Erhitzung auf über 100 °C – also beim normalen Koch-, Brat- oder Grillvorgang – zerstört werden.

Von traditionellen Vorstellungen bezüglich der Speisezubereitung muss man sich beim Stuplich-Topf trennen. Zugegeben, sein Design lässt zu wünschen übrig, aber wenn man sich mit der Idee und dem Topf ein wenig angefreundet hat, verspricht diese in Deutschland einmalige Erfindung erhebliche Freiheiten – gerade in unserer modernen, «zeit-losen» Gesellschaft.

Das Prinzip des Stuplich-Topfs

Das Prinzip ist denkbar einfach: Zwischen zwei ineinander gestellten Aluminiumschalen (28 cm Durchmesser / 27 cm Höhe) verläuft eine Heizspirale, die im unteren Bereich des Topfes enger gewickelt ist als im oberen Bereich. Die Hitze, die gemäß physikalischer Gesetzmäßigkeiten nach oben steigt, soll auf diese Weise im gesamten Topf auf ein gleiches Niveau reguliert werden.

Die Speisen gibt man in eine Keramikschüssel bzw. in weitere Töpfe, die wiederum in diese Keramikschüssel gestellt werden. Die Keramikschüssel stellt man in die isolierte Aluschüssel. Nun wird der Topf mit einem seitlichen Schalter (2 Stufen) in Betrieb gesetzt. Die seitlich wirkende Hitze wird langsam erhöht und an die Speisen und die in der Schüssel befindlichen Töpfe weitergeleitet.

Lebensmittel, die direkt an der Innenwand der Keramikschüssel lagern, z.B. Fleisch oder Kartoffeln, die auf dem Boden der Schüssel garen, werden maximal auf 85 °C erhitzt. Auf einem Dreibein, also im oberen Bereich des Topfes, in Schüsseln gegarte Speisen erwärmen sich auf ca. 70 °C, während Gargut in Kochbeuteln nur bis ca. 62 °C erwärmt wird. Bis es zu dieser Durchwärmung kommt, braucht der Garprozess mindestens vier Stunden. Kritische Temperaturen, die die meisten Enzyme und Vitamine zerstören, werden jedoch in keinem Fall überschritten.

Keramikschalen, die in den Stuplich-Topf gestellt werden

Ein Topf kocht allein

Für Berufstätige und Menschen in Zeiten großer Anspannung ist ein Stuplich-Topf eine praktische Angelegenheit. Die Speisen können einfach in den Topf gegeben und dieser dann seiner eigenen «Arbeitszeit» überlassen werden. Eine zwischengeschaltete Zeitschaltuhr kann dem individuellen Rhythmus oder Bedürfnis entsprechend eingestellt und der Kochvorgang somit optimal bestimmt werden. Alle Besorgungen lassen sich erledigen, während das Essen schonend gart. Sollte man sich dennoch verspäten, bleiben die Speisen im Stuplich-Topf warm; der Topf selbst ist abgeschaltet, so dass sich die Temperaturen im Topf nicht weiter erhöhen.

Die Idee des Topfes entstand, weil der Erfinder, Rai Stuplich, zugleich seinen beruflichen Pflichten nachgehen und für ein gesundes Mittagessen sorgen musste. Die besondere Bekömmlichkeit einer stark basischen Kost und das Wissen um die Garmethoden vieler ethnischer Gruppen brachten den begeisterten Tüftler schließlich auf den Einfall, einen Topf zu konstruieren, der «von selbst kocht» und dabei die Speisen nicht über den kritischen Punkt von 85 °C erhitzt.

Basische oder säurebildende Ernährung?
Speisen, die nicht über 85 °C erhitzt werden, sind vorwiegend basisch. Die heutige Ernährung tendiert dagegen eher zur Übersäuerung. Rohe oder niedrig gegarte Gemüsespeisen sind vorwiegend basisch, während Fleisch, Fisch und hoch erhitzte Speisen eher säurebildend auf den Organismus wirken. Bei Getreide kommt allerdings noch der Aspekt des Kauens hinzu. Durch intensives Kauen und die Einwirkung der Enzymbildner wird eine Getreidekost zunehmend basisch. Das Kochen mit Niedrigtemperaturen ist daher eine Art Vorverdauung. Säurebildende Speisen werden voraufgeschlossen – und damit basisch.

Die Vorzüge länger gegarter Speisen

Knackig frisch sind Gerichte aus dem Stuplich-Topf allerdings nie, das Essen erinnert vielmehr an die traditionelle Hausmannskost, die viele wunderbare Speisen kennt – allerdings immer stark gegarte. So empfiehlt Rai Stuplich, auch zahlreiche klassische Rezepte wie Eintöpfe oder Kartoffel-Gemüse-Fleisch-Gerichte in allen möglichen Variationen, aber auch Fischgerichte, Eierspeisen, Festtagsspeisen und sogar Brote im Stuplich-Topf herzustellen. Ein begeisterter Koch wird möglicherweise das Erlebnis der Speisezubereitung missen, doch dafür ist dieser Topf eine gesunde Alternative für ältere Menschen, die auf kurz gegarte Speisen häufig mit Empfindlichkeiten reagieren, und für Berufstätige, die die Vorzüge der basischen Kost mit einer warmen Hauptmahlzeit kombinieren wollen. Rezepttipps und Zubereitungshinweise sind dem Topf beigefügt.

Garen in der Erde – eine uralte Methode

Die Idee, die hinter dem Stuplich-Topf steckt, ist eigentlich so alt wie die Menschheit. Schon bevor der Mensch das Feuer erfand, wusste er in heißen Regionen der Erde um die wunderbare Veränderung von Speisen durch behutsame Garung. Man legte die Speisen, in große Blätter eingerollt, mit heißen Steinen bedeckt und vielleicht noch mit Sand versiegelt, in eine eigens dafür ausgehobene Grube. Nun überließ man der Sonne die Arbeit.

Je nach Breitengrad, Sonneneinstrahlung und Gargut musste das Gericht etliche Stunden in der Grube «schmoren». Schließlich wurde ein fertiges, wohlschmeckendes Mahl von den Blättern befreit. Mit der «Erfindung» des Feuers wurde diese Methode keineswegs gänzlich durch «Grillen» abgelöst. Belege aus der Steinzeit und dem Mittelalter beweisen die Existenz von «Erdöfen» selbst im kühlen Dänemark. Hier wurden mit Feuer erhitzte Steine in die Kochgrube gegeben, bevor die mit Pflanzenmaterial geschützte Speise mit Erde abgedeckt wurde. Bis heute existiert diese Form der Zubereitung von Speisen. Ob in Papua-Neuguinea oder Nordafrika – viele Völker bereiten auch heute noch Speisen auf diese ursprüngliche Weise zu.

Die Gaben der Natur und des Glücks
sind nicht so selten wie die Kunst,
sie zu genießen.

Vauvenargues

Jogurt aus eigener Produktion

Jogurt schmeckt zu jeder Jahreszeit und ist gesund. Wer viel Jogurt verzehrt, sollte daher auch das Selbstherstellen in Betracht ziehen. Schließlich sind zahlreiche im Handel angebotene Jogurtsorten noch immer mit allerlei Zusätzen versehen, auf die man getrost verzichten kann. Zucker, Bindemittel, künstliche Aromastoffe, Farbstoffe und leider auch Konservierungsstoffe mindern die Qualität und können sogar Allergien auslösen. Selbst gemacht ist Jogurt außerdem deutlich preiswerter. Man bezahlt im Prinzip nur den Preis für die Milch.
Eigentlich essen wir viel zu wenig Jogurt. Die Türken und Griechen hingegen haben schon lange erkannt, dass man mit einem Teller Jogurt zur Mahlzeit für eine geregelte Verdauung sorgt. So einfach kann es sein, ein wenig innere Kosmetik zu betreiben!

Jogurt herstellen – wie geht das?

Erfreulicherweise gibt es heute bereits viele Jogurtprodukte im Handel, die gesund sind und lecker schmecken. Wer allerdings Jogurt zur täglichen Speise serviert – mal süß, mal herzhaft –, wird möglicherweise den etwas nüchternen, fettarmen Geschmack bemängeln. Jogurt schmeckt am besten, wenn er aus Rohmilch entstanden ist. Die Molkereien wissen das, aber sie brauchen zugleich die gute Butter – eben den Fettanteil, der später in der sogenannten Vollmilch fehlt, weil die Sahne abgeschöpft wurde.

Warum Jogurt selber machen?

Neben dem besseren Geschmack kann möglichweise auch der Kostenfaktor ein Argument für die Eigenproduktion von Jogurt sein. Wer Jogurt zum Frühstück und zu den Hauptgerichten und als erfrischendes, wohltuendes Getränk liebt, wird oft mehr als 1 Liter pro Tag verbrauchen. In größeren Familien wird leicht die doppelte und dreifache Menge täglich konsumiert. Selbst gemachter Jogurt kostet pro Liter zwischen 1 und 2 DM (je nachdem, wo die Milch gekauft wird), man kann ihn schnell und ohne großen Aufwand herstellen und mit frischen Zutaten leckere Speisen daraus kreieren. Die Jogurtproduktion ist so einfach und leicht, dass sie mit wenigen Handgriffen in den täglichen Arbeitsablauf integriert werden kann. Dafür entfallen die leidigen Einkäufe von schweren Gläsern bzw. es gibt keine Müllberge von Plastikbechern – je nachdem, ob man den Jogurt bisher im Glas oder im Becher gekauft hat. Einzig die Milch muss täglich frisch geholt werden, ob vom Bauern oder aus dem Geschäft.

Jogurt ist leicht herzustellen. Man braucht dazu:
1 Liter Milch, 1 Päckchen Jogurtferment aus dem Naturkostfachhandel oder dem Reformhaus,
1 Thermometer,
1 verschließbares lichtundurchlässiges Gefäß (oder ein Jogurtgerät),
2 oder 3 Handtücher.

Das Jogurtgefäß wird mit kochendem Wasser ausgespült. Man lässt das heiße Wasser während der ganzen Vorbereitungszeit im Gefäß, um dieses vorzuwärmen. Die Milch wird in einem Topf auf 44 °C erwärmt. (Rohmilch oder Vorzugsmilch über 80 °C erhitzen – nicht kochen – und dann auf 44 °C abkühlen lassen). Jetzt rührt man das Jogurtferment in die warme Milch und verteilt es gut, damit sich das Pulver vollständig auflöst. Jogurt in das Reifegefäß umfüllen. Das Gefäß wird verschlossen und dick in Handtücher gepackt. Am besten wickeln Sie sogar einen Wollschal um die Gefäße.

Die Reifung

Sie suchen jetzt einen warmen Platz, z.B. auf einer nicht allzu heißen Heizung oder in der Nähe eines Ofens. Das Reifegefäß sollte nicht mehr bewegt werden, und die Temperatur muss möglichst konstant sein.

Tipp: Man kann auch die warme Milch in eine Thermoskanne mit breiter Öffnung geben, mit dem Jogurtferment impfen und das Gefäß dann verschließen. Das erübrigt alle zusätzlichen Warmhaltemethoden.

Nach etwa 6 bis 8 Stunden öffnen Sie das Gefäß und kontrollieren, ob der Jogurt die gewünschte Festigkeit hat und ob er schon sauer genug ist. In der Regel haben Sie nach dieser Zeit einen schmackhaften «Jogurt natur», den Sie nach Belieben würzen oder süßen können. Nehmen Sie von diesem Jogurt 4 Esslöffel oder Teelöffel ab und stellen Sie diese in den Kühlschrank; oder frieren Sie diese Menge im Tiefkühlfach ein, wenn Sie mit der Jogurtproduktion pausieren möchten. Sie können von Ihrem selbst gemachten Jogurt etwa 25-mal mit jeweils 4 entnommenen Esslöffeln einen neuen Jogurt ansetzen.

Jogurtgeräte

Sehr praktisch und kompakt sind *Jogurtgeräte*, die fertig ausgerüstet sind mit dem benötigten Thermometer, eine zuverlässige und berechenbare Isolierung besitzen und daher weniger umständlich funktionieren als die beschriebene Handtuchmethode. Vielleicht probieren Sie das Jogurtmachen erst einmal nach der «Omamethode». Wenn Sie dann merken, das ist das Richtige für Sie, kaufen Sie sich das Gerät.

Rezepte

Leichte Mittagskost
(für 1 – 2 Personen)

1/2 l Jogurt, 1 Möhre fein gerieben, 1 kleine rote Bete fein gerieben, 1 kleine rote Zwiebel, 1 Knoblauchzehe, Walnusskerne fein gehackt, Kräutersalz, 6 Korianderkörner, frisch zerstoßen, 1 Prise Kurkuma (Gelbwurz), etwas Pfeffer aus der Mühle, 1 kleiner Schuss Sonnenblumenöl.

Alles gut vermischen und frisch servieren – z.B. zu Pellkartoffeln.

Ein vollwertiges und vitaminreiches Frühstück
(für 1 – 2 Personen)

1/2 l Jogurt, 1 kleiner saurer Apfel, 1/2 Apfelsine, 1/2 Banane, 1 Essl. Rosinen, 1 Essl. Haselnusskerne fein zerhackt, 1 Essl. Akazienhonig, 1 Schuss Zitrone (alternativ zur frischen Zitrone ist Zitronensaft in kleinen Flaschen im Naturkosthandel erhältlich).

Nach Geschmack: frisch gequetschte Flocken, Amaranth (z.B. auch gepoppt, selbst gepoppter Mais oder fertige Flocken).

Süße Jogurtsuppe
(für 1 – 2 Personen)

1/2 l Jogurt, 1/4 l Gemüsebrühe, schwarzer Pfeffer, 2 Teel. Currypulver, 1/2 Teel. Cumin, in der Mühle gemahlen oder zerstampft, 100 g Rosinen (2 Stunden in etwas Wasser einweichen), 100 g gehackte Mandeln, 1/2 frische Gurke, 1 Teel. Zitronensaft, evtl. etwas scharfes Chilipulver, einige Blättchen Blattpetersilie.

Den Jogurt mit einem Scheebesen cremig schlagen. Gemüsebrühe aufkochen, Pfeffer, Curry, Cumin und Rosinen hineingeben. Den Topf vom Herd nehmen. Mandeln in einer trockenen Pfanne goldbraun rösten (Vorsicht, brennen leicht an!). Die Gurke grob raspeln. Mandeln, Gurkenraspeln und Zitronensaft in die Suppe geben. Evtl. mit etwas Chilipulver schärfen. Kurz vor dem Servieren Jogurt in die Suppe rühren. Mit gehackter Petersilie garnieren und evtl. einer Blüte (Kapuzinerkresse oder Calendula) verzieren.

Auberginen in Jogurtsoße

(für 1 – 2 Personen)

1 große Aubergine, Meersalz, Olivenöl, 1/2 Teel. Kurkuma, 1 Prise Cumin (Samen in der Mühle fein mahlen), 1 Knoblauchzehe, zerquetscht und mit Kräutersalz bestreut, Petersilie.

Von der Aubergine mit dem Sparschäler rundum etwa vier Streifen der Haut entfernen. Die Aubergine in 0,5 cm breite Scheiben schneiden. Die Scheiben in einer Schüssel in Meersalz und so viel Olivenöl wälzen, bis sie völlig mit Olivenöl getränkt sind. In einer Pfanne goldbraun backen. Derweil Jogurt mit Cumin und Kurkuma und dem Knoblauchmus würzen, abschmecken und evtl. mit Kräutersalz würzen (Vorsicht, die Auberginenscheiben sind bereits salzig!). Die warmen Auberginen auf dem Jogurtbett verteilen und mit gehackter Petersilie bestreuen.

Jogurtdip

(für 1 – 2 Personen)

1/2 l Joghurt, Kräuter der Saison, fein gehackt, 1 Prise Kurkuma, Meersalz, 15 g Johannisbrotkernmehl.

Alle Zutaten vermengen und zu frischem Fladenbrot oder Pizzabrötchen reichen.

Pfirsichjogurt

1/2 l Joghurt, 2 reife, saftige Pirsiche, 1 Teel. Zitronensaft, 1 Essl. Akazienhonig oder Agavendicksaft, geröstete Mandelsplitter, 10 g Johannisbrotkernmehl.

Die Pfirsiche mit dem Zitronensaft und dem Honig pürieren, abschmecken und das Mus unter den Jogurt heben. Das Johannisbrotkernmehl unterheben – es verleiht der Speise eine festere Konsistenz. Mit den gerösteten Mandelsplittern bestreuen.

Kein Mensch kann beim anderen sehen und verstehen, was er nicht selbst erlebt hat.

Hermann Hesse

Käse selbst herstellen – leicht und lecker

Es gibt viele Käsefans. Doch nur wenige wissen, wie leicht man einen guten, gesunden und schmackhaften Käse herstellen kann. Vielleicht haben Sie Lust, selbst einmal den wirklich einfachen Schritt in das überaus weite Gebiet der Käseproduktion zu wagen und von den vielen Vorteilen zu profitieren? Sie erhalten einen unkonservierten, weitgehend unbehandelten und ungefärbten Käse, ohne Gentechnik oder chemisch behandelter Rinde. Sie können den Käse nach Ihrem Geschmack mit frischen Kräutern, Gewürzen, Nüssen oder Trockenfrüchten abschmecken. Sie erhalten das Schönheitsmittel Molke, und Sie haben überaus viel Freude bei der Herstellung – Ihrem ureigenen Küchenexperiment.

Die Milch macht's

Selbst gemachter Käse ist kein Standardprodukt

Die Käseherstellung ist sehr von gleich bleibenden äußeren Bedingungen abhängig. Wer den Käse in der eigenen Küche herstellt, wird sich daran gewöhnen, dass es kaum möglich ist, einen standardisierten Käse zu produzieren. Viele Faktoren können die Entstehung des Käses beeinflussen: Jahreszeit, Zimmertemperatur, Luftfeuchtigkeit, Arbeitstempo etc. Es funktioniert auch nicht jedes Käserezept mit jeder x-beliebigen Milch.

Bei der Milch kommt es sehr auf den Grad der Verarbeitung an. Man unterscheidet Rohmilch (kuhwarm oder gekühlt), pasteurisierte, pasteurisierte und homogenisierte, fettarme Milch und H-Milch. Alle Rezepte ergeben je nach verwendeter Milch einen anderen Käse. Zugleich ist maßgeblich, bei welchen Temperaturen die Milch mit Jogurtkulturen und Lab geimpft wurde und unter welchen Temperaturen und Raumbedingungen der Käse schließlich reifte. Manche Käsesorten werden bereits durch die normale Kühlung beim Bauern – bzw. die Verwendung einer «kuhwarmen», ungekühlten Milch – beeinflusst.

Temperatur und Behandlungsart der Milch sind entscheidend

Viele Käserezepte funktionieren nur mit ungekühlter Milch, manche bringen ein anderes Resultat, wenn man bereits gekühlte Milch zur Käseproduktion verwendet. Nach meiner Erfahrung schmeckt Käse besser, je unbehandelter die Milch ist. Die Käseherstellung bleibt allerdings immer ein interessantes Experiment.

Rohmilchkäse ist besonders lecker, vornehmlich, wenn die Milch direkt und noch warm von der Kuh kommt. *Rohmilch* gibt es verpackt als sogenannte Vorzugsmilch, z.B. in einigen Reform- und Naturkostläden. Diese Rohmilch unterliegt einer verstärkten Kontrolle und wird zügiger in den Verkauf gebracht. Roh- und Vorzugsmilch sollten direkt verarbeitet werden. Sie sind höchstens zwei Tage haltbar.

Biomilch aus dem Naturkostladen ist nicht homogenisiert, sondern nur pasteurisiert. Der natürliche Fettgehalt wirkt sich sehr positiv auf den Geschmack von Käse aus.

Vollmilch ist homogenisiert und pasteurisiert. Der natürliche Fettgehalt ist reduziert (3,5 %), und die Fett-Tröpfchen werden unter Hochdruck in viele kleine Teile zerschlagen. Der noch selten erwähnte Nachteil der Homogenisierung: Die Fett-Tröpfchen können die Darmwand passieren und unverdaut in die Blutgefäße gelangen. Arteriosklerose, Herzinfarkt und Schlaganfall werden dadurch begünstigt.

Fettarme Milchsorten (z.B. 1,5 % Fett) bringen einen etwas farblosen Käse hervor. Ansonsten gelten die gleichen Bedenken wie für konventionelle Vollmilch.

H-Milch ist ein totes Produkt. 90 % des Milcheiweißes, 20 % der Vitamine und sämtliche Enzyme wurden durch Erhitzen und schnelles Abkühlen zerstört. Ich empfehle zur Käseherstellung frische Milch!

Von der Milch zum Käse

Anfänger finden für die ersten einfachen Käsespezialitäten die meisten benötigten Zutaten und Geräte in ihrem Haushalt. Doch wen einmal die Lust an der Käseproduktion gepackt hat, wird sich schnell weiteres Zubehör im Fachhandel besorgen.

Das Zubehör

Unbedingt erforderlich sind:
ein Edelstahltopf, ein Schneebesen, ein Schöpflöffel, ein Einkochthermometer, ein Salatabtropfsieb, ein Käsetuch oder eine Mullwindel, Jogurt natur, etwas Lab und 2 Liter Milch (Schafs-, Ziegen-, Kuhmilch).

Schon kann die Käsebereitung starten.

Man kann noch etliche Käsespezialitäten mehr herstellen, wenn man zusätzlich folgende Dinge erwirbt:

- Käseformen in verschiedenen Größen (für Einsteiger eignen sich durchlöcherte Jogurtbecher oder Teesiebe aus Ton)
- Käseformen mit passendem Deckel aus Keramik oder Holz, erhältlich im Drogeriefachhandel oder bei «Bunte Kuh»

- eine Käseharfe bzw. einen Bruchschneider (besteht aus mehreren «Messern» im Verbund; Alternative: ein langes Küchenmesser),
- eine Käsepresse, am günstigsten eine Gewichthebepresse (man kann den Käse auch mit Steinen oder Gewichten vorsichtig in der Keramikform pressen).

Käsepresse und Käseformen, Thermometer, Käseharfe und Lab finden sich im Hobbyset «Käsereibedarf» (Bunte Kuh).

Oberstes Gebot in der Käseküche: peinliche Sauberkeit! Ohne Keime geht es aber auch nicht. Besonders köstlich schmeckt ein Käse, wenn er leicht gesäuert wird. Dazu wird der leicht erwärmten (oder der kuhwarmen) Milch ein Säurewecker (Dickmilch, Jogurt oder Jogurtferment) eingeimpft. Aber Achtung – je saurer die Milch, desto fester wird der spätere Käse.

Das Lab

Erst durch den Zusatz von *Lab* wird Milch zu Käse. Lab ist ein Ferment, das aus dem Rindermagen gewonnen wird und den Käse gerinnen lässt. Schon in alten Zeiten stellten die Menschen beim Schlachten von Kälbern fest, dass die Milch im Magen eine dicke Konsistenz erhalten hatte, die angenehm roch und schmeckte:

Käse. Seither wird für fast alle Käsesorten Rinderlab genommen. In seltenen Fällen wird pflanzliches Lab verwendet, das jedoch etwas schwieriger zu handhaben ist.

Lab gibt es flüssig und in Tablettenform. Flüssiges Lab gibt man tropfenweise in die gesäuerte Milch. Die Dosierung ist auf dem Fläschchen angegeben. Man bewahrt das flüssige Lab im Kühlschrank auf. Labtabletten werden zunächst in Wasser aufgelöst und dann erst in die Milch gegeben.

Erhältlich ist Lab im Spezialhandel für den Käsereibedarf («Bunte Kuh»), unter Umständen auch in der Drogerie oder Apotheke. Aufgrund der geringen Nachfrage kann dieses dort angebotene Lab überaltert und damit unbrauchbar sein. Sollte Ihre Milch also nicht andicken, obwohl Sie sich genau an die Vorschriften gehalten haben, machen Sie am besten sofort von Ihrem Rückgaberecht Gebrauch.

Käserezepte für den guten Anfang

Frischkäse im Tuch mit Kräutersalz

4 Essl. Buttermilch (als Säurewecker) in 2 l ungekühlter Milch 1/2 Stunde arbeiten lassen. Milch auf 32 °C erwärmen. 6 Tropfen Lab hinzugeben (oder entsprechende Menge der Labtablette, s. Packungsangabe). 4 Stunden im Stahltopf mit geschlossenem Deckel an einem warmen Ort stehen lassen.

Anschließend wird der Bruch geschnitten: Molke und Trockenmasse müssen in diesem Arbeitsschritt voneinander getrennt werden. Dies gelingt, indem man die verdickte Milch in 2-cm-Würfel schneidet. Ein Messer erfüllt den Zweck, ein Bruchschneider erfüllt ihn schneller. Die Masse muss 10 Minuten ruhen. Anschließend rührt man vorsichtig mit dem Schaumlöffel um und lässt die Masse weitere 10 Minuten stehen.

Das Abfließen der Molke

Die angesammelte Molke wird zunächst vorsichtig abgeschöpft bzw. abgegossen. Dann legt man ein Sieb großzügig mit einem Käsetuch aus. Das Sieb wird über eine große Schüssel gelegt, die genug Volumen hat, die abfließende Molke aufzufangen (Eimer oder Topf sind ebenso möglich). Jetzt füllt man die dickflüssige Käsemasse vorsichtig in das ausgekleidete Sieb. Wenn Sie die Masse vorsichtig hin- und herbewegen, damit die Molke abfließt, sollte vom Käsebruch nicht zuviel zerstört werden.

Die Molke tritt schnell aus den offenen Bruchstellen hervor.

Schließlich packen Sie das Käsetuch vorsichtig an allen vier Zipfeln und heben es sacht aus dem Sieb. Die Käsemasse presst sich zusammen, noch mehr Molke fließt, und ein weicher Käseball entsteht. Binden Sie das Tuch zusammen und hängen Sie den «Käseball» an einen warmen und zugfreien Ort. Die Auffangschüssel stellen Sie darunter.

Anfangs half ich mir mit einem selbsthaftenden Haken, den ich am Küchenschrank über der Spüle befestigte. Daran hing mein Käseball, die Auffangschale stand auf der Spüle, und der Käse konnte über Nacht in Ruhe reifen.

12 Stunden lässt man die Molke abtropfen. Jetzt vorsichtig das Tuch öffnen und den Frischkäse rundherum mit Kräutersalz bestreuen. Wieder ins Tuch einschlagen und weitere 3 – 6 Stunden ziehen lassen. Kühl und mit Tomaten oder Radieschen garniert servieren.

Käse aus der Käseform

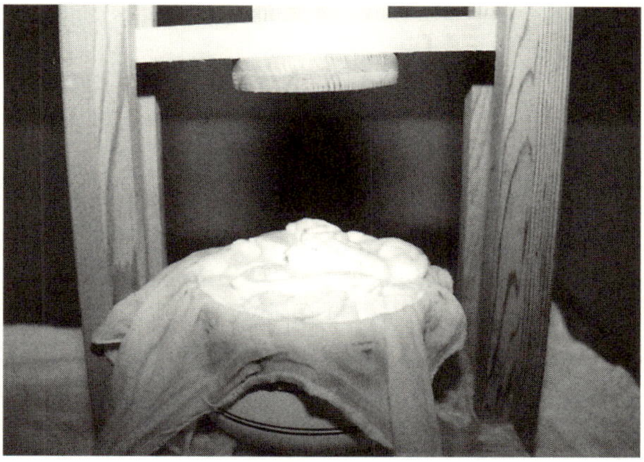

Schnittfesten Frischkäse erhält man möglicherweise schon im Käsetuch (Typ Mozzarella). Schöner wird ein Schnittkäse, wenn man ihn in eine mit dem Käsetuch ausgekleidete Käseform füllt und unter eine Presse legt. Die Käsepresse wird mit einem 1-kg-Gewicht beschwert (das Gewicht von einer alten Waage an die Presse hängen; möglich ist auch ein dicker Stein im Netz oder Ähnliches). Nach 8 Stunden wird der Käse gewendet. 4 Stunden später abermals wenden. Nach weiteren 2 Stunden wenden und von beiden Seiten mit Meersalz bestreichen. 4 Stunden danach ist der Käse fertig.

Die Käsemasse liegt unter der Presse. Sie sieht noch weich und würfelig aus. Gleich wird sie zusammengedrückt …

Ein Gewicht zieht an der Käsepresse; diese ist mit einer Schraubzwinge am Tisch fixiert.

Der fertige Käse.

Eingelegter Käse, griechische Art

Schnittfesten Frischkäse in 1 cm große Stücke schneiden und in ein Deckelglas geben. Kaltgepresstes Olivenöl aufgießen, bis der Käse vollständig bedeckt ist. Anschließend 2 frische, geschälte Knoblauchzehen, einen kleinen Zweig Rosmarin und eine Piri-Piri-Schote (zu finden im Spezialitätenregal des Supermarkts, auf dem Wochenmarkt oder beim südländischen Feinkosthändler) ins Glas geben. Verschließen und mehrere Tage im Kühlschrank ziehen lassen (mindestens 48 Stunden).

Schnittfester Käse mit Pfiff

Schnittfesten Kräuterkäse erhält man, wenn man beim Einfüllen in die Käseform verschiedene Kräuter und Gemüsesorten (Schnittlauch, Petersilie, gequetschten Knoblauch, frischen Paprika, Kümmel u.a.) vorsichtig unter den Bruch hebt.

Streichkäse wie vom Franzosen

Je saurer, desto fester. Ungesäuert wird aus Milch ein cremiger Streichkäse, den man in einer Butterdose mit frischen Kräutern servieren kann. Mögliche Zutaten sind auch Mandeln, Nüsse und klein gehackte Rosinen, dann sollte der Käse allerdings nur wenig gesalzen werden.

Die Molke

Ein «Wundermittel» für die Schönheit

Ein überaus nützliches Nebenprodukt bei der Käseherstellung ist Molke. Molke kann wie Buttermilch getrunken, mit Süßmost vermischt, anstelle von Wasser zum Brotbacken oder zur Herstellung von Waffeln oder Pfannkuchen verwendet werden. In Mund und Darm wirkt sie harmonisierend und abwehrstärkend, weil sie die natürliche Bakterienflora kräftigt.

In der Naturkosmetik ist Molke – insbesondere, wenn sie aus Biomilch gewonnen wurde – heute ein unverzichtbares Mittel. Es gibt ganze Kosmetikserien, die auf Molkebasis entstanden sind. Dank ihrer guten Reinigungs- und Pflegewirkung ist sie ein hervorragendes Gesichtswasser (am besten mit wenigen Tropfen Rosenöl oder Kamille versetzt). Als Badezusatz ist sie ein wahres Schönheitsmittel, das zugleich reinigt und pflegt. Seife ist beim Molkebad überflüssig.

Im Sommer verrührt man Aufgüsse aus frischen Kräutern (dazu stellt man einen sehr starken Tee aus den gewünschten Kräutern her, z.B. aus Zitronenmelisse oder Rosmarin) mit einem Liter frischer Molke und badet ca. 20 Minuten darin. Die Haut wird weich und geschmeidig.

Allergien oder Neurodermitis werden im Molkebad deutlich gelindert. Viele Kundinnen des Naturkost- oder Reformhandels nutzen die positive Wirkung von Molke längst und schätzen die angebotenen Kosmetikartikel und Trinkmolkeprodukte sehr.

Tipp: Schnittblumen halten sich länger, wenn Sie einen Esslöffel Molke in die Vase geben!

Die spezifische Heilkunde verhält sich zur
Naturheilkunde wie das Bürgerliche Gesetzbuch
zu den Zehn Geboten!
Wer den rechten Weg geht, für den
genügen die Zehn Gebote.
Habe Ehrfurcht vor der Natur und ihrer Gabe,
deiner Nahrung!

Werner Kollath

Kefir einfach selbst gemacht

Aus dem Kaukasus stammt das milchsaure Getränk Kefir – ein wohlschmeckendes und ernährungsphysiologisch wertvolles Produkt, das mit Recht einen guten Ruf genießt. Man kann Kefir auch als Dessert oder als Speisezutat verwenden.
Haben Sie schon einmal einen lebendigen Kefirpilz geschenkt bekommen? Wenn ja, dann wissen Sie vielleicht, wie problemlos man mit diesem sich stets vermehrenden «kleinen Blumenkohl» einen herrlich prickelnden, frischen, spritzigen und gesunden Kefir herstellen kann. Er gelingt auch bei niedrigen Temperaturen und ist nach 24 Stunden trinkfertig.
Noch einfacher ist die Kefirproduktion mit gefriergetrocknetem Fermentpulver oder den sogenannten «Kefirkörnern» aus dem schonend getrockneten Kefirpilz.

Das Getränk der Hundertjährigen

Die Türken gaben dem Kefir seinen Namen: «Kef» bedeutet sowohl «berauschend» als auch «genussreich». Bis 1867 war der «Wonnetrunk» ein Geheimnis der Osseten und Karbadiner, zweier Gebirgsstämme aus dem nördlichen Kaukasus. Sie bereiteten ihren Urkefir noch mit bis zu 1 % Alkohol und viel Kohlensäure zu.

Woher kommt Kefir?

Berauschen im wahren Sinne des Wortes kann man sich mit Kefir heute nicht mehr. Maximal enthält das Milchgetränk 0,02 % Alkohol – und in der Regel auch nur dann, wenn der echte und lebendige Kefirpilz verwendet wurde. Die alkohol- und kohlensäurearme Form der Zubereitung kommt aus Russland; sie schmeckt spritziger und nach der charakteristischen Kefirhefe. In Russland weiß man bis heute um die wohltuende Wirkung von fermentierten Milchgetränken, zu denen auch Kefir zählt. Die Mehrzahl der Kinderärzte Russlands zieht Kefir der ungesäuerten Milch vor. Besonders günstig wirkt er sich auf Durchfallerkrankungen aus. Andere Ärzte berichten von guten Erfolgen bei der Behandlung von Magen- und Zwölffingerdarmgeschwüren. Gesunden Menschen wird der tägliche Kefirgenuss zur Stärkung der Widerstandskräfte empfohlen.

Kefir – ein gesundes Lebensmittel

Man sollte eine lebensverlängernde Wirkung nicht unbedingt einem einzigen gesunden Lebensmittel zuschreiben, wie dies beim Kefir häufig geschieht. Gewiss gehört zum Altwerden – darin sind sich die Forscher einig – eine insgesamt gesunde und ausgewogene Lebensweise, die auch die Ernährung mit einschließt. Aber nach einer durchdachten Ernährungsumstellung und täglichem Genuss von zweimal täglich 250 g Kefir erreicht man mit Sicherheit einen besseren Stoffwechsel und eine optimierte Gehirndurchblutung; die sogenannte Verkalkung wird sogar rückgängig gemacht, und die Elastizität der Adern und Gelenke kann wieder hergestellt werden. Doch wird bei diesen Untersuchungen erwähnt, dass sie sich nicht unbedingt auf in Deutschland erhältliche Produkte beziehen.

Welcher Kefir ist der richtige?

Kefir aus dem Plastikbecher

Fertiger, käuflicher Kefir ist ein standardisiertes Produkt, das kaum die typischen Kefireigenschaften aufweist. Ein industriell produziertes Markenmilchprodukt, das sich am Genussoptimum für die Verbraucher orientiert, muss stets den gleichen Geschmack aufweisen und vor allem lagerfähig sein. Hefen im Kefir verursachen eine Vergärung zu Alkohol und Kohlensäure, die nur schwer zu bändigen ist. Nur Kefirkenner wissen, dass sich Deckelwölbungen durch die Arbeit der Hefen ergeben. Nicht umsonst wird zur Eigenproduktion mit dem echten Kefirpilz ein gut verschließbares Deckelglas empfohlen, das beim Öffnen mit einem geräuschvollen «Plopp» den Reifezustand des Getränks anzeigt. Die Kühlregale jedoch enthalten Kefir in den üblichen Plastikbechern. Viele Verbraucher verschmähen ein Milchprodukt, das aussieht, als stünde es kurz vor der Explosion. Somit ist es nicht verwunderlich, dass in vielen käuflichen Kefirprodukten Hefen kaum noch bis gar nicht zu finden sind. Doch ist es dann noch ein Kefir? Laut Gesetzgeber schon, denn er erlaubt diese fast wie Sauermilch schmeckende Variation; aber Kefirfreunde schütteln verständnislos den Kopf!

Gefriergetrocknete Kefirkulturen

Zur industriellen Herstellung werden fast ausschließlich *gefriergetrocknete Kulturen* verwendet. Die Handhabung und Pflege der vielen lebendigen Kefirpilze, die für das Kefirangebot in den Supermärkten nötig wären, ist undenkbar; in einer Moskauer Molkerei z.B. werden täglich 100.000 kg Kefir produziert. Einen Kefirpilz kann man nicht industriell verarbeiten. Ein immer gleiches Angebot lässt sich nicht erzielen, und schließlich genügen weder Geschmack noch Haltbarkeit den Ansprüchen von Herstellern und Verbrauchern. Kulturlabore züchten und gefriertrocknen spezielle Kulturen, die in der Molkerei nach eigenen Vorstellungen fortgezüchtet und schließlich zum Beimpfen einfach in die Milch gegeben werden. Bei ca. 20° C wird diese Milch einen bis zwei Tage lang bebrütet, und schließlich wird der fertige, hefearme Kefir abgefüllt.

Wie für alle Sauermilchgetränke gilt für die hierzulande industriell hergestellten Kefire immerhin, dass sie besonders laktoseempfindlichen Personen empfohlen werden können; die Verdaulichkeit des Milchfettes und des Eiweißes ist verbessert, und Kalzium, Eisen und Phosphat können dank der enthaltenen, wertvollen L(+)-Milchsäure leichter vom Körper aufgenommen werden.

Kefir mit Kefirferment herstellen

Praktisch, preiswert und schnell lässt sich Kefir mit gefriergetrockneten Kefirferment auch zu Hause herstellen. Das Ferment erhält man im Naturkost- und im Reformwarenfachhandel bzw. in der Apotheke.

So gelingt Kefir mit dem Kefirferment:
Man gibt einen Beutel Kefirferment in die zuvor abgekochte Milch, rührt gut um, lässt die Mischung 24 Stunden in einem sehr sauberen, verschließbaren Gefäß ruhen und erhält einen leckeren, frischen Kefir.
Bevor dieser verbraucht ist, gibt man 1 Esslöffel davon in 1 Liter abgekochte Milch und kann diesen Kreislauf nun etliche Male fortsetzen.

Das Abkochen der Milch ist Voraussetzung. Denn die in ihr enthaltenen Keime vermehren sich ansonsten schneller als die Kefirkulturen. Verbraucher, die nur zeitweise Kefir genießen, sind mit gefriergetrocknetem Ferment zufrieden. Wer keine Lust mehr hat, stellt einfach die Produktion ein und macht mit einer neuen Tüte bei Bedarf weiter. Nachteil: Die Hefen und Essigsäurebakterien vermehren sich weniger schnell als die Milchsäurebakterien, so dass nach mehrmaliger Anwendung eher eine Sauermilch übrig bleibt – mit Verlaub gesagt: eine delikate Sauermilch aus Milch der eigenen Wahl (z.B. Biomilch!).

Kefirkörner

Nur selten findet man dagegen in Apotheken, Drogerien oder Reformhäusern «*Kefirkörner*» oder «*Kefirpilze*», die man zu Hause in Milch oder Wasser aufquellen lässt. Der wieder belebte Pilz erlangt für kurze Zeit sein ehemaliges Aussehen, kann wieder

Milch vergären und säuern. «Kefirpilze» steht auf der Verpackung – fast ist man geneigt zu glauben, dass es sich hierbei um die lebendigen Vertreter der Kulturen handelt, die zur Kefirherstellung nötig sind. Gefehlt, es sind Teile der (hoffentlich) schonend getrockneten Kefirknolle. Der Pilz schrumpft dabei zu gelblichen «Kefirkörnern». Doch auch schonend getrocknete Pilze sterben nach wenigen Wochen und sind nicht wieder zu beleben. Sie sind außerdem nicht teilbar, sondern werden weich und schmierig. Freunde des echten Kefirpilzes empfinden die Kefirkörner auch geschmacklich nur als Notbehelf. Es gilt aber auch in diesem Fall: Wer nur zeitweise an Kefirherstellung interessiert ist, wird mit Kefirferment oder Kefirkörnern besser bedient sein als mit dem «pflegebedürftigen» Pilz.

Der lebendige Pilz

Der lebendige, echte *«Kefirpilz»*, schließlich auch *«Kefirknolle»* genannt, ist genau genommen kein richtiger Pilz, sondern eine interessante Lebensgemeinschaft zwischen Bakterien und Pilzen. Diese schließen sich derart eng zusammen, dass sie als Einheit wirken und sich auch fast wie eine solche verhalten. Die Pilze im Kefirpilz bilden nämlich keine Sporen mehr (die Fortpflanzungsmethode bei anderen Pilzarten), sondern was hier geschieht, nennt der Fachmann Sprossung. Die von Milchzucker lebenden Kefirpilze wachsen – von mikroskopischer Größe ausgehend – unaufhörlich. An mehreren Stellen der Mutterzelle reihen sich Tochterzellen an. Bei Zimmertemperatur verdoppeln Kefirpilze binnen eines Monats ihr Volumen. Die Sprossung endet schließlich darin, dass sich ein faustgroßes Gebilde, das an einen Blumenkohl erinnert, in zwei lebendige Kefirknollen teilt.

So weit sollte man es bei der regelmäßigen Kefirproduktion aber nicht kommen lassen, sondern den noch jungen Pilz beizeiten mit der Hand oder dem Messer teilen. Alte Pilze enthalten häufig abgestorbene Teile und fremde Keimarten. Alle 24 bis 48 Stunden stellt ein Pilz bei 13 °C bis 20 °C (mehr als 30 °C bekommen ihm schlecht) aus Milch Kefir her. Auf 1/2 l Milch gibt man 1 haselnussgroßen Kefirpilz. Er muss diese Milch zu seinem Überleben haben, sonst stirbt er. Nachdem die Kefirproduktion abgeschlossen ist, wird er mit einem Löffel aus der Zubereitung gehoben und in neue Milch gegeben.

Alle acht Tage wird der Pilz in lauwarmem Wasser gewaschen. Bei guter Pflege ist er ein produktiver Hausgenosse.

Ein produktiver Hausgenosse …

Doch bis dahin heißt es teilen. So wie sich der Pilz teilt, muss auch ein neues Zuhause für die «Nachfahren» gesucht werden. Es gibt regelmäßig regelrechte Kefirwellen, dann kommt der Pilz in Mode, ist in allen Haushalten zu finden, wird begeistert gefeiert – und schließlich wieder vergessen ...

Die meisten Menschen sind nach einer gewissen Zeit des Kefirgenusses überdrüssig. Der Pilz siecht noch eine Weile dahin und geht schließlich den Weg alles Irdischen. Nach Jahren besinnen sich wahre Kefirkenner dann wieder der vermissten Qualität und suchen verzweifelt nach einem neuen Pilz (Bezugsquelle s. Anhang).

Vielleicht starten Sie den Versuch, teilen den produktiven Burschen mit ihren Freunden, Nachbarn, Omas und Opas, Tanten, Onkeln, Nichten, Neffen und Bekannten ... Wohl denn, auf ein gutes und lustvolles Gelingen!

Kefir genießen

Süß:

- pur
- mit natürlichen Süßungsmitteln: Ahornsirup, Akazienhonig, Dicksäften
- mit frisch püriertem Obst der Saison: Beeren, Bananen, Birnen, Aprikosen, Pfirsichen etc. oder sauren Obstsorten: Apfelsinen, Zitronen, sauren Äpfeln etc. mit einem natürlichen Süßungsmittel oder püriertem süßen Obst.

Herzhaft:

- über Müsli zum Frühstück oder als Zwischenmahlzeit
- esslöffelweise in deftigen Suppen (Grünkernsuppe, Linsensuppe)
- im Salatdressing, z.B. mit Dill und Kräutersalz, etwas Senf und frisch gemahlenem Pfeffer
- als Dipp, z.B. mit Kräutersalz, einer Prise Cumin und einer Teelöffelspitze gemahlenem Johannisbrotkernmehl.

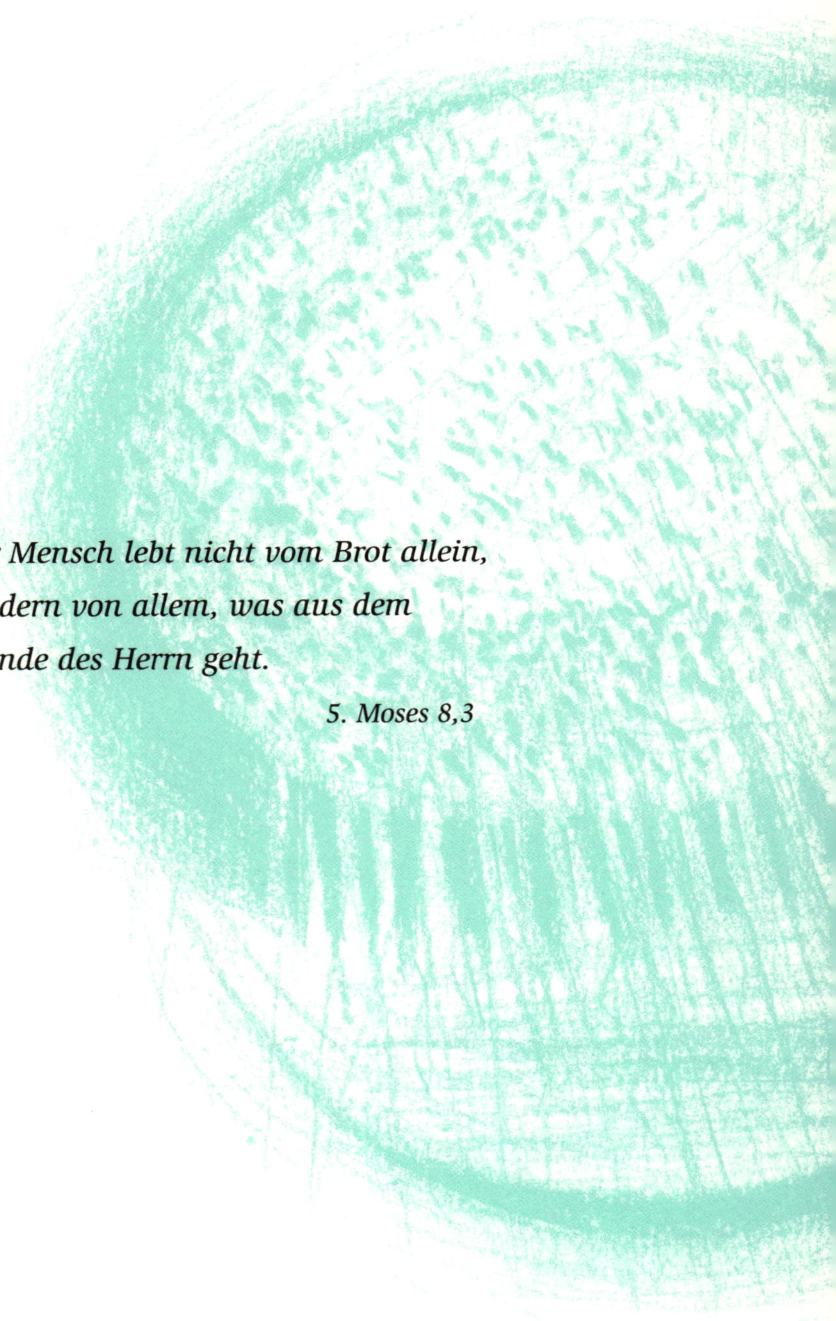

Der Mensch lebt nicht vom Brot allein,
sondern von allem, was aus dem
Munde des Herrn geht.

5. Moses 8,3

Brot – ein Lebensmittel wie kein anderes

Überall auf der Welt wird Brot gegessen. Brot – ein Lebensmittel wie kein anderes. Die Brotbackkultur ist beinahe so alt wie die Agrargeschichte, denn seit Getreide angebaut wird, wird auch Brot gebacken. Doch nicht nur das Brot selbst veränderte sich im Laufe der Geschichte, auch die Produktionsweise und das Bäckerhandwerk gingen neue Wege. Waren es vormals Frauen, die für die Backkunst zuständig waren, so wurde mit zunehmender Technisierung der Produktionsvorgänge das Backen zu einem der Berufszweige, die von Männern dominiert werden. Zuletzt waren es die Brotfabriken, die den Hauptteil der Brotproduktion übernahmen.

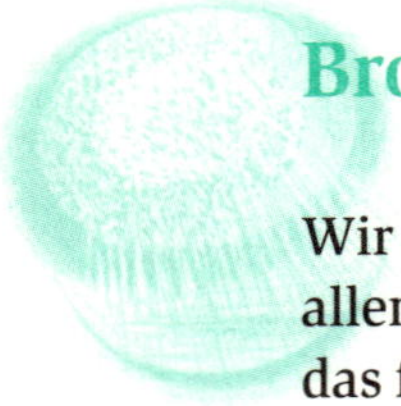

Brot aus eigener Produktion

Wir kaufen unser Brot gewöhnlich direkt im Bäckereifachgeschäft; allen Angeboten aus den Supermarktketten zum Trotz hat gerade das frische Brötchen seinen besonderen Platz am hart umkämpften Markt halten können.

Brot ist nicht gleich Brot …

Doch unter dem Aspekt einer vollwertigen Ernährung lässt die Qualität konventioneller Brötchen und Brote zu wünschen übrig. Auszugsmehle in Brotfertigmischungen sind die Basis für unser tägliches Brot geworden. Es ist kaum möglich, einen Bäcker zu finden, der noch echten Sauerteig verwendet. Das Sauerteigferment ist Bestandteil in einer Mischung, die dann zu so genannten Sauerteigbroten verarbeitet wird. Darüber hinaus wird es in absehbarer Zeit nicht mehr möglich sein, Bäckereiprodukte ohne gentechnisch veränderte Zutaten (bisher Hefe, Soja- und Maismehl) zu bekommen. Frische Vollwertbrote aus dem Naturkostladen sind die *eine* sinnvolle Alternative; hier verarbeiten die Bäcker Produkte aus kontrolliert biologischem Anbau nach traditionellen und neuen Rezepten. Die andere Alternative: Backen Sie Ihr Brot doch einfach selbst!

Brot backen – ein Erlebnis!

Es ist ein großes Erlebnis, Brot selbst zu backen. Dabei ist es gar nicht schwer, und jeder kann es. Selbst gebackene Brote sind nicht nur frisch und knusprig, sie sind im besten Falle auch vollwertig und bestehen aus rein natürlichen Zutaten. Vor allem aber sind Ihrer Phantasie keine Grenzen gesetzt. Vollkornschrot und -mehle, Saaten und Gewürze sowie manch ungewöhnliche Zutat können zu Brot verarbeitet werden.

Mit ein wenig Hintergrundwissen über die Grundlagen des Brotbackens gelingen Ihnen die leckersten Delikatessen – süß oder herzhaft.

Die Zutaten

Das Mehl:

Wie gelingt ein luftiges Vollkornbrot?

Die Vielzahl von Getreidesorten, die der Brotherstellung dienen, sollen stets im Ganzen, also mit der ballaststoffreichen Außenhaut und dem überaus nährstoffhaltigen Keim, vermahlen werden. Ein solches Mehl ist allerdings schwer und satt, es lässt sich deswegen von Hand nicht ganz so leicht verarbeiten wie das ausgesiebte Mehl (Typ 1050 oder 750), das einen leichteren Teig ergibt und besser unter dem Gärungsprozess der Hefe aufgeht. «Self-made-Bäcker» wissen oft zu wenig von den Möglichkeiten der Vollwertküche, denn es gibt – wie stets im Leben – Alternativen. Amaranth, besser noch gemahlenes Amaranth-Popcorn, als Zugabe bietet z.B. eine Möglichkeit, aus reinem Vollwertteig ein luftiges Toastbrot zu zaubern. Schließlich ist ein Sauerteigbrot ohne das volle Korn der traurige Abklatsch eines deftigen Abendbrots.

Die Süße:

Eine große Auswahl an Süßungsmitteln

Zucker ist das Nährmittel für die Hefen. Zucker ist auch in der Stärke des Getreides enthalten. Frisch vermahlenes, leicht warmes Vollkornmehl liefert den Hefepilzen bereits einen enormen Antrieb. Doch noch besser und beschwingter geht es im Backofen zu, wenn man einen «Kickstarter» in Form von natürlichen Süßen auf die Hefekulturen gibt. Honig, Ahornsirup, Agavendicksaft und andere Fruchtdicksäfte oder brauner Vollrohrzucker sind bewährte Süßungsmittel, die den Geschmack des Brotes tönen. Es ist also nicht nur eine Kunst, die richtige Menge an Süße zu wählen, es kommt auch auf die Kombination mit den übrigen Zutaten an. Eine fruchtige Süße gibt z.B. dem Morgentoast (Weizenvollkorn mit Amaranthpopcorn) mit Rosinen einen sehr abgerundeten Geschmack. Die sparsame und trockene Süße des Rohrohrzuckers eignet sich für Sauerteigbrote aus Roggenmehl. Bei der enormen Auswahl an natürlichen Süßungsmitteln ist es kaum verständlich, dass der weiße Zucker, dem man wohl kaum eine spektakuläre Geschmacksnuance zugestehen kann, noch so viele Anhänger findet.

Die Hefe:

Hefen gehören zu den so genannten Schlauchpilzen und sind weit verbreitet. Sie kommen als Wildhefen vor oder werden mit speziellen Eigenschaften gezüchtet. Kulturhefen sind Reinzuchthefen und wirken durch ihr Gärvermögen. Sie kommen z.B. bei der Bierherstellung und beim Weinbau zur Anwendung, ferner gibt es spezielle Würzhefen für Brotaufstriche (Hefeextrakt) und Fertiggerichte, und die so genannte Backhefe. Diese spaltet die im Teig enthaltenen Kohlehydrate und Zuckerstoffe und wandelt sie in Kohlendioxid um.

Am besten Bio-Backhefe verwenden …

Das Herstellungsverfahren für die herkömmliche Hefe kommt nicht ohne synthetische Zusätze aus. Bäcker, die sich konventioneller Produkte und Backmischungen bedienen, werden demnächst nicht mehr am Gebrauch gentechnisch produzierter Hefen vorbeikommen. Bio-Backhefe wird dagegen aus Biogetreide (Vollkornmehl, Weizenkeime) in einem neuartigen Verfahren hergestellt. Die Fermentation erfolgt durch Bierhefe und Wasser. Bei Verwendung dieser Hefe kann der Bäcker auf die aufwendige Vorteig-Methode verzichten. Die Hefe ist frei von synthetischen und gentechnisch veränderten Zusätzen.

Der Sauerteigansatz:

Sauerteig kann man noch bei manchen guten Bäckern kaufen. Viele Bäcker verwenden aber Fertigmischungen mit Trockensauerteig. Sauerteigansatz ist manchmal im Naturkostladen, im Reformhaus oder im Bioregal des Supermarktes zu finden. Wer allerdings nirgendwo Glück hat, kann einen natürlichen Sauerteig einfach selbst herstellen:

Sauerteig selbst gemacht
200 g (frisch gemahlenes) Mehl – besser 100 g Roggenmehl/100 g Roggenschrot, 250 ml frisches Wasser, 2 Essl. Jogurt, Buttermilch, Molke oder Sauerkrautsaft.

Alle Zutaten zu einem weichen Teig verarbeiten, in ein Schraubglas oder eine verschließbare Kunststoffbox geben und 2 bis 3 Tage an einen warmen Ort stellen. Der Sauerteig sollte nun angenehm säuerlich riechen und kleine Risse und Gärungsbläschen aufweisen.

Sauerteig abzweigen für das nächste Backen

Von nun an brauchen Sie nicht jedes Mal einen neuen Sauerteig herzustellen, sondern Sie nehmen beim Brotbacken immer ein Stück vom Vorteig ab (beim Backautomaten nach dem Knetvorgang, ohne vorherige Zugabe von Salz). Dieses Stück kommt in eine verschließbare Box oder ein Marmeladenglas und ist von nun an eine Woche im Kühlschrank haltbar. Vor dem nächsten Backen wird der Teigrest mit Wasser vermischt in die Backmischung gegeben und dient hier als Triebmittel. Einfacher für Ungeübte und sicherer für das Gelingen des Brotes ist die zusätzliche Verwendung von Hefe oder Backferment.

Backferment:

Backferment ist ein trockenes Granulat, das auf der Basis von Getreide und Honig hergestellt wird. Die Teigführung geht schneller als bei reinen Sauerteigbroten. Backferment ist im Naturkostladen und im Reformhaus erhältlich.

Salz:

Meersalz verstärkt den Eigengeschmack

Salz ist die letzte wichtige Zutat im Brot. Dabei ist es keinesfalls gleichgültig, welches Salz verwendet wird. Meersalz ist die natürlichste Form; es verstärkt den Eigengeschmack des Brotes und gibt ihm eine stetigere Struktur. Salzloses Brot ist krümeliger und wird außerdem nicht richtig ausgebacken. Daher gibt der Bäcker selbst in süße Brote immer die richtige Menge an Salz, denn das Gluten im Getreide wird durch die Zugabe von Salz steifer und backfähiger.

Kräutersalz als Finesse

Natürlich jodiertes Meersalz gibt es von der Kölner Firma «Heuschrecke» und ist nur im Bioladen erhältlich. Meeresgemüse, genauer gesagt die Kombualge, sorgt hier für eine natürliche Jodierung. Meersalz ist auch in Salzmischungen vorhanden, die im Brot verwendet werden können: Kräutersalz, Gewürzsalz oder auch körnige Brühen – selbstverständlich aus rein natürlichen Zutaten – sind die Finesse im Gewürzensemble eines Brotes.

Brotvariationen aus dem Backofen

Fladenteig oder Pizzabrötchen

500 g Weizenvollkornmehl, 1 Würfel Hefe, 2 bis 3 Essl. Olivenöl, 1 Teel. Salz, 1/2 Teel. Vollrohrzucker, etwa 1/4 l Wasser oder Milch, Buttermilch oder auch Suppenreste, auf Wunsch Gewürze, z.B. italienische Gewürze oder Schwarzkümmel.

Hefe in das Mehl bröseln, Salz und Zucker hinzugeben und schließlich mit dem Wasser und dem Öl verkneten, bis ein glatter Teig entstanden ist, der nicht mehr an den Händen klebt. Den Teigball in eine Schüssel legen, mit einem Tuch abdecken und ca. 40 Minuten gehen lassen. Abermals durchkneten und möglicherweise den Teig korrigieren; er darf nicht kleben. Dann die gewünschten Fladen oder Brötchen formen, auf ein gefettetes Backblech legen (2 cm Abstand), abermals mit einem Tuch abdecken, an einen warmen Ort stellen. Während die Brötchen aufgehen, wird der Backofen auf 200 °C vorgeheizt. Nach ca. 10 Minuten die Brote in den Ofen schieben und 15 bis 20 Minuten backen. Mit einem Holzlöffel auf die Kruste schlagen; wenn sich das Klopfen «hohl» anhört, sind die Fladen fertig.

Eine sehr delikate Beilage zu frischem Salat oder Suppen. Kräuterbutter dazureichen.

Weizenbrote

Zutaten: siehe voriges Rezept «Fladenteig oder Pizzabrötchen».

Das fein gemahlene Mehl mit Hefe, Salz und Gewürzen mischen. 10 Minuten kneten. Danach den Teig in eine Schüssel geben und mit einem sauberen Küchentuch vor Zugluft schützen. Die Schüssel an einen warmen Ort stellen und den Teig 20 Minuten gehen lassen. Teig abermals gut durchkneten und nochmals 10 Minuten aufgehen lassen. Backofen etwa 20 Minuten vor Backbeginn auf 250 °C vorheizen. Eine Schale mit Wasser in den Backofen stellen. Brote in Backformen geben und abermals 20 Minuten gehen lassen oder Laibe formen, auf gefettete Bleche legen und sofort backen.

Backfermentbrote aus dem Kasten

Sauerteig ohne Probleme

1. Der Starter:

3 Essl. Backferment (aus dem Naturkostladen oder dem Supermarkt), 1/4 l Wasser, 125 g Weizenvollkornmehl, 1 Teel. Honig.

Backferment, Wasser, Mehl oder Honig in einer Schüssel vermischen, mit Alu- oder Plastikfolie gut zudecken und 24 bis 48 Stunden gären lassen. Der Starter ist dann richtig aufgegangen, wenn er schäumt.

2. Das Brot:

Starter, 1/4 Teel Backferment, 1 bis 1,5 kg Weizenvollkornmehl, 1/2 l Wasser, 1 Essl. Salz pro Kilogramm Mehl, Kräuter und Gewürze nach Geschmack, Öl oder Butter für die Teigkugel, Fett für die Form, Milch zum Bestreichen, Körner zum Bestreuen.

Starter, Backferment, 500 g Mehl und das Wasser 8 Stunden, am besten über Nacht, gehen lassen. Dies ergibt den Sauerteig für 1 kg Brot. (Von diesem Sauerteig 1/4 l Starter wegnehmen und bis zum nächsten Backtag im Kühlschrank aufbewahren, zugedeckt, aber nicht fest verschlossen; er soll atmen können.) Den Sauerteig mit Salz, Kräutern und Gewürzen abschmecken. 125 g Mehl dazurühren und 10 bis 15 Minuten ununterbrochen rühren. Nach und nach kleine Mengen Mehl dazugeben, bis etwa 250 g verbraucht sind und der Teig zu fest ist, um ihn weiter zu rühren.

Jetzt den Rest des Mehls (125 g) auf eine Arbeitsfläche schütten, den Teig daraufgeben und mit der Hand kneten, bis alles Mehl eingearbeitet ist. Eine Kugel formen, die Kugel einfetten, in eine Schüssel geben und die Schüssel gut zudecken (ein Tuch genügt nicht, am besten in eine große Plastiktüte stecken) und 1 Stunde gehen lassen. Die Kugel dann zu 1 oder 2 Brotlaiben formen, mit Milch bestreichen, in Körnern wälzen und in eine Kastenform legen. Gehen lassen, bis sich kleine Risse auf der Oberfläche zeigen (etwa 1 bis 2 Stunden, je nach Temperatur).

1 Stunde bei 200 °C im vorgeheizten Backofen backen.

Sauerteiglaibe vom Blech

400 g Roggen, fein gemahlen, 500 g lauwarmes Wasser (30 °C), 100 g Sauerteig (aus dem Bioladen, dem Reformhaus oder teilweise auch aus der Reformecke des Supermarkts).

Alle Zutaten verkneten und 4 Stunden warm stellen (ca. 25 °C). Anschließend 100 g Starter für den nächsten Backtag entfernen.

750 g Roggen, 550 g Weizen, 650 g lauwarmes Wasser, 40 g Hefe, 40 g Salz, 20 g Vollrohrzucker, Öl fürs Backblech.

Getreide mahlen (550 g Roggen und 550 g Weizen fein, 200 g Roggen schroten), mit den restlichen Zutaten und dem Sauerteig vermischen, 10 Minuten kneten. Anschließend 30 Minuten abgedeckt ruhen lassen. Zwei runde Brotlaibe formen, auf ein gefettetes Backblech geben, abdecken und den Backofen auf 240 °C vorheizen. Abdeckung herunternehmen, einige Male mit der Gabel in die Laibe stechen, Brote mit Wasser bepinseln und 40 Minuten auf mittlerer Schiene backen.

Brote backen mit dem Backautomaten

Brot gelingt vorzüglich im Backofen, doch leichter und vor allem bequemer ist das Brotbacken in einem speziellen Brotbackautomaten. Das Besondere an dieser Maschine ist weniger, dass sie das Brot backt – das macht der Ofen schließlich auch eigenständig –, sondern dass sie die Teigführung weitgehend übernimmt und die optimale Temperatur während der Teiggärung regelt. Man gibt die Zutaten in den Automaten, kontrolliert möglicherweise, ob die Angaben des Rezeptes korrigiert werden müssen und kann dann in Ruhe eine andere Tätigkeit verrichten, während das Brot ganz von selbst fertig wird. Selbstverständlich können sämtliche hier angegebenen Brotrezepte auch im Backofen ausprobiert werden, dann müssen allerdings die Schritte der Teigführung eigenhändig durchgeführt werden.

Ein Backautomat hat viele Vorzüge

Ein Brotback-automat

Die Rezeptideen müssen möglicherweise etwas variiert werden, denn es liegt am Mehl, an den Süßungsmitteln – eben an den Besonderheiten der Zutaten, wie Ihr Teig reagiert. Kontrollieren Sie daher bei den ersten Versuchen den Teig und achten Sie darauf, dass sich stets ein nichtklebender Teigball über dem Rührwerk bildet. Ansonsten geben Sie Mehl und/oder Öl hinzu.

Das erste Brot: Weizenmischbrot «Italiano»

500 g Weizenmehl, 1 Teel. Meersalz oder Brühe oder Kräutersalz, 200 ml Wasser, 3/4 Würfel Hefe (20/30 g), 1 Essl. Wein- oder Obstessig, 1 Essl. Olivenöl.

Geben Sie alle Zutaten in den Backautomaten und stellen Sie das Programm auf «Vollkorn» (dunkel oder hell auf Wunsch). Kontrollieren Sie lediglich nach ca. 5 Minuten, ob sich ein fester Teig zu einer Kugel formt, die sich lose im Behälter «tummelt». Wenn nicht, geben Sie Mehl oder Olivenöl nach. «Italiano» nenne ich diesen Typ von Brot, weil ich gerne Hartweizen oder Kamut verwende und so ein besonders knuspriges «Weißbrot» erhalte. Geben Sie, wenn der Teig nur ein wenig zu trocken erscheint, lieber etwas Öl in den Automaten.

Angaben für das Backen im Backofen: Alle Zutaten bis auf das Salz verkneten. 1/2 Std. ruhen lassen. Salz einkneten und ca. 3/4 Std. gehen lassen. Vorsichtig auf ein gefettetes oder bemehltes Backblech legen und bei 220 °C backen.

Bananenbrot

1 ganze Banane, fein zerdrückt, 500 g Weizenvollkornmehl (wer keine Mühle besitzt, kann es sich meist im Bioladen mahlen lassen oder greift auf das Mehl Typ 1050 zurück), 2 Essl. Ahornsirup (wer es süß mag, sollte Agavendicksaft nehmen), 3 Essl. Rosinen, 1/8 l lauwarme Milch, 25 g Hefe, 1 gestrichener, kleiner Teel. Meersalz, 1 Essl. Butter (20 g).

Alles in den Backautomaten geben. Auf «normal» stellen und starten. Möglicherweise mit etwas Mehl den Teig korrigieren, bis er glatt ist, nicht mehr klebt und als runder Ball im Backautomaten «tanzt».

Wer die Rosinen nicht zermusen möchte, sollte sie erst in den Teig geben, wenn der Automat den entsprechenden Signalton (kurz vor dem «Gehen») abgibt.

Sauerteigbrot (1000 g)

350 g Roggenmehl, 250 g Weizenmehl, 250 ml Wasser, 1 Teel. Brotgewürz, 1 1/2 Teel. Salz, 1 Teel. Akazienhonig, 1 Essl. Olivenöl, etwas Weizenmehl (Typ 1050) zum Korrigieren, 1 Tütchen Natursauerteig (150 g), 35 g Hefe.

Alle Zutaten, mit Ausnahme von Salz, in die Backmaschine geben und das Programm «Teig» wählen. Nachdem das Programm abgelaufen ist, lässt man den Teig noch weitere 2 Stunden ruhen. Jetzt nimmt man 100 g als Sauerteigansatz für das nächste Brot ab. Salz auf den Teig geben und das Programm «normal» wählen. Delikat braun sieht eine Kruste aus, wenn man die Programmtaste «dunkel» einstellt.

Amaranthbrot

300 g Weizenvollkornmehl, fein gemahlen, 200 g Roggenvollkornmehl, fein gemahlen, 100 g gepoppter Amaranth, 300 ml Wasser, 1 – 1 1/2 Teel. Salz, 1 Teel. Honig, 12 g Hefe, 1 Teel. Brotgewürz oder 1 Teel. Fenchel, Kümmel, Koriander, fein gemahlen, 1 Teel. Essig, 2 Essl. Öl.

Die Backmaschine auf das Programm «Vollkorn» und «dunkel» einstellen.

Pastete mit Brokkoli-Pilz-Füllung und Räuchertofu
(für 5 Personen)

Man kann mit dem Backautomaten nicht nur Brot backen, es ist genauso möglich, Pasteten mit leckeren Füllungen zu kreieren. Je nach Wunsch und Geschmack kann man jedes Gemüse, Tofu, Pilze oder Käse mit Agar-Agar oder die klassische Hackfleischzubereitung mit Ei als Teigfüllung anrichten. Hier ein Rezeptvorschlag:

1. Die Pastete:
500 g Weizenmehl, 1 Essl. Olivenöl, 25 g Hefe, 1 Essl. Ahornsirup, 225 ml Milch, 1 Teel. Kräutersalz.

2. Die Füllung:
100 g Brokkoli, 10 g Pilze, 1/2 Zwiebel, 1 kleine Möhre, 1 Knoblauchzehe, Petersilie, 20 g Räuchertofu in Würfel geschnitten, Sojasoße (Shoyu), 1 Spritzer Zitronensaft, 1 Essl. Orangensaft, Kräutersalz, etwas Öl für die Pfanne.

Den Brokkoli in kleine Röschen zerteilen und kurz über heißem Wasser dämpfen, bis er grasgrün wird. Gedämpfte Brokkoliröschen mit Kräutersalz bestreuen und mit Zitronensaft besprenkeln. Die Pilze in Spalte teilen, und die Zwiebel in Würfel schneiden. Pilze und Zwiebelstückchen in der Pfanne braten, mit Shoyu beträufeln und kurz weiterschmoren lassen. Die Möhre in kleine Scheiben schneiden, in der Pfanne von beiden Seiten kurz anbraten, von der Hitze nehmen, Knoblauch dazugeben und mit Kräutersalz und Orangensaft abschmecken. Schließlich noch den Räuchertofu dazugeben. Das Ganze kann man mit Petersilie garnieren.

Für die Pastete wird die Brotmaschine zunächst nur auf das Programm «Teig» eingestellt. Ist der Pastetenteig fertig, drückt man ein großes Loch in die Teigmitte und achtet darauf, dass ein möglichst gleichmäßiger Rand entsteht. In diesen «Krater» füllen wir nun die miteinander vermengten Zutaten. Lassen Sie einen oberen Rand von ca. 4 cm stehen (der später zum Deckel geformt wird). Als Geliermittel verwenden wir das rein pflanzliche Agar Agar, das aus einer Meeresalge hergestellt wird. Man löst die Platten oder das Pulver in Wasser auf, kocht die Mischung kurz auf und gibt das zunächst flüssige Agar Agar in die Gemüsemischung. Jetzt zieht man die Ränder hoch und klappt sie als Deckel über das Gemüse. Drücken Sie die Ränder zusammen, damit der Deckel möglichst geschlossen ist. Nun stellen Sie den Backautomaten auf «Backen» und warten das Ergebnis ab.

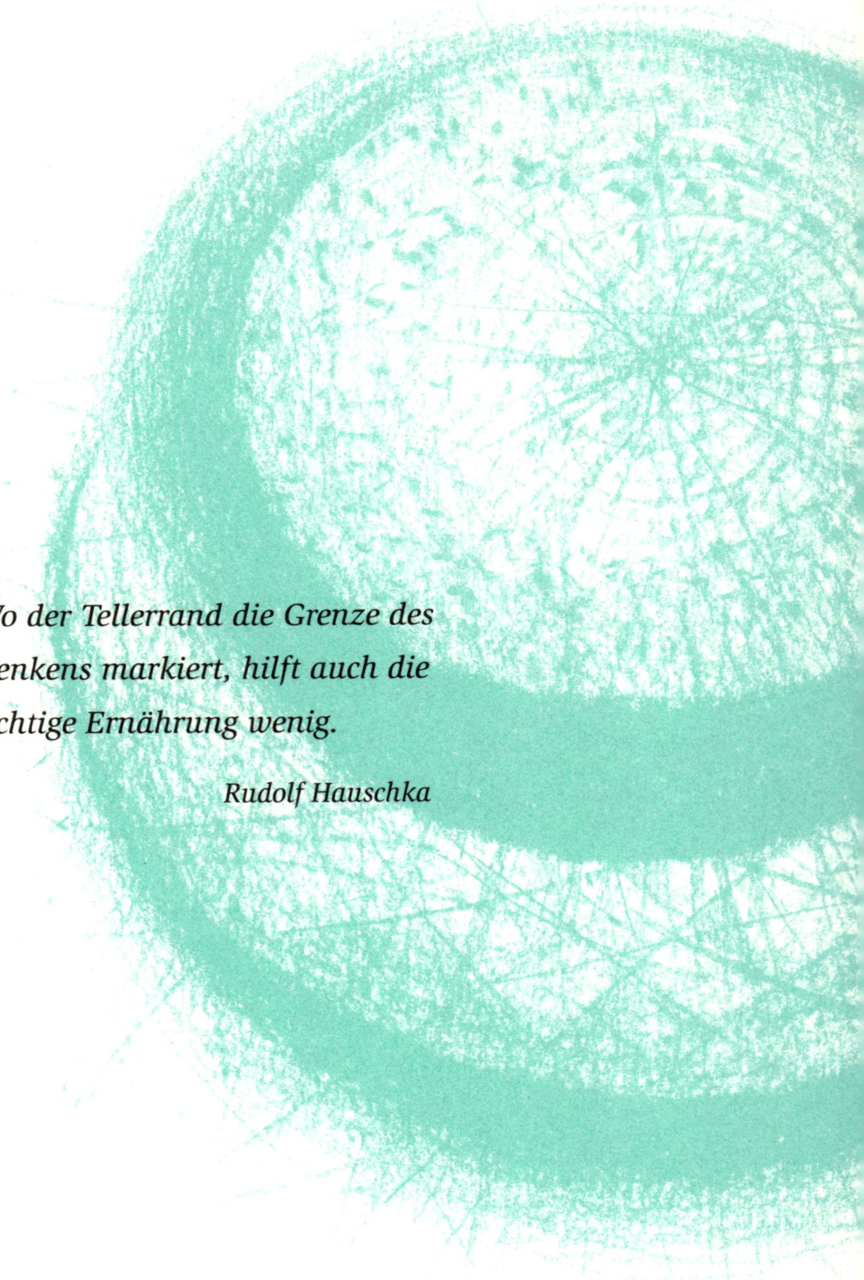

Wo der Tellerrand die Grenze des Denkens markiert, hilft auch die richtige Ernährung wenig.

Rudolf Hauschka

Selbst «genudelt» – Vollkornnudeln aus eigener Herstellung

Wenn ein Schwabe von «Spätzle» spricht, dann meint er gewöhnlich frische, hausgemachte Nudeln. Auch in Italien greifen Hausfrauen oder Hausmänner häufig zur Nudelmaschine. Unbestritten: Es gibt gute Nudeln jeder Couleur und für alle Gelegenheiten im Handel. Aber was den Geschmack betrifft, sind frische Nudeln einfach unschlagbar. Dabei sind sie so einfach, schnell und preiswert herzustellen.

Es kommt auf die Nudelform, die Nudelmaschine, die Anforderungen an die Teigbeschaffenheit und dabei vor allem auf die Mehlsorte an, wie leicht das Nudeln tatsächlich von der Hand geht. Es gibt Methoden, die im wahrsten Sinne des Wortes schweißtreibend sind. Damit die Nudelherstellung wirklich gelingt und die Arbeit auch Spaß macht, sind einige sehr sinnvolle Arbeitsgeräte vonnöten. Nach einer kurzen Einarbeitungszeit ist es durchaus möglich, eine frische Nudelspeise in weniger als einer halben Stunde zu kreieren.

Das Mehl / Einfache Vorschläge für den Anfang / Nudelmaschinen eröffnen viele Möglichkeiten

Das Mehl

Weichweizen

Das A und O der Nudelherstellung ist das Mehl. Das hierzulande allgemein handelsübliche Weizenmehl wird aus Weichweizen gewonnen. Auch im Naturkost- und Reformhandel wird vorwiegend Weichweizen angeboten. Aus diesem Getreide lässt sich durch Zugabe von Eiern auch ein guter Nudelteig für dünne Vollkornnudelsorten herstellen. (Wenn man das Vollkornmehl vorher siebt, dann wird der Teig geschmeidiger.)

Spätzleteig wurde ursprünglich aus Dinkelmehl, Eiern, Salz und Wasser gerührt. Heute wird der Dinkel meist durch Weizen ersetzt, aber immer noch ist das alte Grundrezept das beste.

Hartweizen und Kamut

Italienische Nudeln kommen ohne Ei aus, weil sie aus Hartweizen oder Durumweizen hergestellt sind. Hartweizen ist besonders reich an Klebereiweiß. Er ergibt mit Wasser und Salz einen sehr feinen, leichten Teig. Nur aus ihm lassen sich die langen, dünnen Nudeln mit dem besonderen Biss herstellen. Da dieser Weizen ein besonders warmes, trockenes Klima für sein Wachstum benötigt, kommt er hierzulande nicht vor und muss importiert werden.

Eine weitere Rarität, die sich gut zur eifreien Nudelherstellung eignet, ist Kamut. Dieser Urweizen ergibt ein sehr feines, fast sandiges Mehl mit einer schönen Ockerfarbe. Der Teig ist geschmeidig und hat einen feinen Duft. Frische Nudeln aus Hartweizen oder Kamut werden nach dem Trocknen nur kurz in siedendes Wasser gegeben und nicht abgeschreckt, damit sie bissfest bleiben.

Einfache Vorschläge für den Anfang

Es gibt etliche Rezepte für Nudeln und andere Teigwaren, für die man nur sehr wenig Zubehör benötigt. Man braucht die gewünschten Zutaten für den Nudelteig, eine saubere Arbeitsplatte, einen Teigroller oder ein Nudelholz und ein Messer oder eine Ausstechform.

Mit oder ohne Ei wird ein glatter, nichtklebender, weicher Teigball geknetet, anschließend möglichst dünn ausgerollt und mit dem Messer, speziellen Teigmessern oder Ausstechformen in die gewünschte Form gebracht.

Nudelvariationen ohne Ende

So kann man z.B. aus einem dünnen ausgerollten Nudelteig für die typische rumänische Bohnensuppe ca. 2 cm große «Plätzchen» ausschneiden, man kann aus dem Teig Platten formen und daraus die etwas arbeitsaufwendigere Lasagne bereiten oder auch Taschen herstellen, wie man sie für die schwäbischen Maultaschen, die russischen Pelmeni oder die italienischen Ravioli, Tortellini oder Agnolotti braucht (Rezepte s. unten).

Auch fingerdicke Nudeln, die man mit einer delikaten Soße serviert, gibt es in vielen Kulturen mit den unterschiedlichsten Bezeichnungen. Als Weizenklößchen sind sie hierzulande in Suppen zu finden; in Italien nennt man sie Strozzapreti. Auch diese sehr sättigenden Nudelklößchen bestechen durch ihr einmaliges Mundgefühl und durch die Einfachheit ihrer Herstellung.

Spätzle schaben

(für 3 Personen)

500 g Vollkornweizenmehl , 4-5 Eier, Meersalz, 1 Essl. Olivenöl oder 25-50 g Butter, evtl. etwas Wasser.

Spätzleteig herstellen. Den Teig in Portionen von ca. 100 g auf das nasse Spätzlebrett geben und dünn zum Brettrand ausstreichen. Nun werden ca. 1/2-cm-dünne Streifen direkt ins siedende gesalzene Wasser geschabt. Das Messer häufig ins kochende Wasser tauchen, da der Teig ansonsten an ihm klebt. Wenn die Spätzle vom Grund auftauchen, werden sie mit einer Schaumkelle aus dem Wasser gefischt und in einem Topf mit kaltem Wasser abgeschreckt. Alle fertigen Spätzle schüttet man durch einen Durchschlag, braust sie nochmals kalt ab, lässt sie kurz abtropfen und schwenkt sie vor dem Servieren in heißer Butter. Nochmals abschmecken.

Teig für Hartweizen- oder Kamutnudeln
(für 3 Personen)

500 g Hartweizenmehl oder Kamutmehl, 250 ml Wasser, Salz, etwas Olivenöl.

Frische Hartweizennudeln 2 bis 3 Minuten in kochendem Salzwasser garen. Ein Schuss Olivenöl im Wasser verhindert, dass die Nudeln aneinander kleben. Nicht abschrecken!

Strozzapreti
(für 3 Personen)

500 g Weizenvollkornmehl, 2 Eier, Meersalz, 1 Teel. Olivenöl, lauwarmes Wasser.

Mehl in eine Schüssel geben, eine Mulde machen, Eier hineinschlagen und Salz daraufstreuen. Vorsichtig den Teig kneten und nach und nach lauwarmes Wasser hinzugeben, bis man einen formbaren, glatten Teig erhält. Diesen ca. 15 Minuten in der Schüssel unter einem frischen Handtuch ruhen lassen. Anschließend mit Olivenöl verkneten, kleine Bällchen formen und diese zu bleistiftdicken «Schlangen» ausrollen. 8 cm lange Nudeln abschneiden und mit etwas frischem Weizenmehl bestreuen, damit sie nicht aneinander kleben. Salzwasser mit einem Teel. Olivenöl zum Kochen bringen und die Strozzapreti so lange im siedenden Wasser kochen, bis sie an die Oberfläche steigen. Nicht abschrecken!

Schmeckt lecker mit frischem Pesto oder Pomodoro.

Rumänische Bohnensuppe
(für 4 Personen)

1 Tasse kleine, getrocknete Bohnen über Nacht mit 2 Teel. Natron kalt einweichen. Das Einweichwasser am nächsten Morgen abschütten und die Bohnen in 1 1/2 l kaltem Wasser zusammen mit einer zerhackten Zwiebel und 2 Essl. Butter und einem Stück Speck etwa 2 Stunden kochen. Die jüdische Küche nimmt ein Stück fettes Pökelfleisch für dieses Gericht. Erst wenn die Bohnen fast gar sind, gibt man 1 Teel. Salz hinzu.

Paralell dazu werden die Nudelplätzchen (s. S. 137) hergestellt, die man erst wenige Minuten vor dem Servieren in die Suppe gibt.

Maultaschen

(für 3 Personen)

500 g Weizenmehl (für feine Maultaschen nur die Hälfte Vollkornmehl, die andere Hälfte Auszugsmehl Typ 500 und das Mehl vermischen), 4 Eier, etwas Meersalz, evtl. etwas Wasser.

Alle Zutaten zu einem glatten, nicht klebenden Teig verkneten, diesen mit der Hand zu einer dicken «Wurst» rollen und in 6 oder 7 Stücke teilen. Die einzelnen Stücke auf einer bemehlten Fläche dünn ausrollen. Die gewünschte Füllung (s. nachfolgendes Rezept «Pelmeni») auf die Hälfte der ausgerollten Teigplatte geben, dünn verteilen. Die andere, unbestrichene Teigseite darüberschlagen. Mit der Hand ca. 6 mal 6-cm-Stücke markieren. Diese Markierungslienien mit dem Finger sehr fest auf die untere Teigplatte stanzen, mit einem Messer die «Taschen» ausschneiden und die Ränder nochmals gut festdrücken, damit sich die Teilenden beim Kochen nicht öffnen. Einen Topf Wasser mit Meersalz (oder Suppenwürze und Muskat abgeschmeckt) zum Kochen bringen, die Maultaschen mit einem Schöpflöffel vorsichtig ins kochende Wasser geben und auf kleiner Flamme ziehen lassen, bis sie vom Topfboden an die Wasseroberfläche steigen. Vorsichtig abschöpfen und in einem großen Sieb abtropfen lassen.

In der Zwischenzeit 3 fein gewürfelte Zwiebeln und – wenn gewünscht – ca. 60 g durchwachsenen Speck (ansonsten 1 Messerspitze Meersalz hinzugeben) in Butter gut anschwitzen. Mit einem fein gehackten Blatt Salbei bestreuen. 4 Essl. Semmelbrösel hinzugeben, gut rühren, bis die Semmelbrösel goldgelb gebacken sind.

Die Maultaschen in eine Auflaufform geben, mit den Zwiebel-Semmel-Bröseln bestreuen, ca. 75 g geriebenen Käse (nach Geschmack Gouda oder Schweizer-Käse) über die Brösel streuen und im Backofen bei 175 °C kurz den Käse zum Schmelzen bringen.

Dazu reicht man einen halbtrockenen Weißwein.

Pelmeni

(für 2 Personen)

250 g Weizenmehl mit 1 Ei, etwas Salz und so viel Wasser vermischen, bis ein dünn ausrollbarer Teig entsteht. Mit einem Jogurtbecher oder Trinkglas Kreise ausstanzen. Eine Füllung (s. unten) auf die Hälfte jedes Kreises geben, die andere Hälfte über die Füllung schlagen und den Rand der Teigtasche fest zusammenpressen. Einfacher als das Zusammenpressen ist es, die Teigränder mit Eiweiß zu bestreichen und die Ränder auf diese Weise zusammenzukleben.

Klassische Füllung:
300 g Hackfleisch vom Schwein, mit 2 fein gehackten Zwiebeln, Salz und schwarzem Pfeffer vermengen.
Vegetarische Variante:
250 g fein gehackten Spinat mit 2 abgezogenen, fein zerteilten Tomaten, 1 zermusten Knoblauchzehe, etwas Kräutersalz und 70 g zerdrücktem Schafskäse zu einer feinen Paste vermischen.

Tipp: Nicht aufgegessene Maultaschen oder Pelmeni können am nächsten Tag in etwas Butter geschwenkt und mit einer feinen Soße serviert werden. Beispiel für eine Soße: 50 g Champignons, 1/2 Zwiebel, in feine Stücke zerteilt, gut angebraten, mit etwas Brühe gelöscht, mit Vollkornweizenmehl angedickt und mit einer Messerspitze Pesto (Basilikumpaste) oder feinen Küchenkräutern abgeschmeckt.

Lasagne

(für 3 – 4 Personen)

500 g Weizenmehl – oder 100 g Hartweizengrieß und 400 g Weizen-Weißmehl (Typ 500) – mit 2 Eiern, Wasser und etwas Salz zu einem festen, ausrollbaren Teig verkneten.

Alternative: 100 g Hartweizengrieß, 150 g fein gehackter Spinat (oder junge Brennnesselblätter) und 2 Eier, 200 g Weizenvollkornmehl, Salz und etwas Wasser.

Den Teig teilen und zu tischtennisballgroßen Kugeln drücken und entweder mit dem Teigroller oder mit der italienischen Nudelmaschine zu Lasagneplatten ausrollen und in die gewünschte Größe und Länge (etwa 10 x 20 cm Seitenlänge) schneiden (bei der Nudelmaschine wird nur noch die Länge bestimmt).

Die Lasagneplatten in reichlich Salzwasser mit einem Schuss Olivenöl (damit die Platten nicht aneinander kleben) etwa 3 Minuten lang garen, mit der Schöpfkelle herausfischen, kalt abschrecken und abtropfen lassen. Nebeneinander auf einem sauberen Küchentuch ausbreiten.

Zugleich wird die *Füllung* vorbereitet:

100 g Rindergehacktes, 100 g Schweinegehacktes und 1 fein gewürfelte Zwiebel in einer Pfanne anbraten, bis die Zwiebeln glasig und das Hackfleisch leicht gebräunt sind. 1 Möhre und 1 Stange Staudensellerie in sehr feine Würfel teilen, in die Pfanne geben, 1 Knoblauchzehe durch die Presse quetschen und alle Zutaten in der Pfanne gut verrühren. Nach ca. 3 Minuten 1 Essl. Tomatenmark untermengen, 1 Teel. Oregano (möglichst frisch und fein zerhackt), 1 Prise Rosmarin fein zerhackt (oder, wenn getrocknet, im Mörser oder durch die Flockenquetsche zerrieben) hinzufügen, 1/4 l körnige Brühe aufgießen, mit schwarzem Pfeffer würzen und etwa 20 Minuten mit geschlossenem Deckel, bei milder Hitze, köcheln lassen.

In der Zwischenzeit eine *Béchamelsoße* herstellen:

2 Essl. Butter in einem Topf zerfließen lassen, 2 Essl. Weizenmehl einrühren, kurz anschwitzen, dann den Topf von der Hitze nehmen, Deckel aufsetzen und die Zutaten ca. 1 Min. nachquellen lassen. 1/2 l Milch mit 1 Teel. würziger Brühe vermischen, in den Topf geben, diesen zurück auf die Herdplatte stellen und unter ständigem Rühren die Soße kurz aufkochen lassen. Mit frisch geriebener Muskatnuss abschmecken.

Eine Auflaufform mit Olivenöl fetten. Nun abwechselnd 1 Teigplatte, Fleischsoße, dünn ausgestrichen, und Béchamelsoße in die

Form schichten. Den Abschluss bildet die Béchamelsoße, die man mit 100 g frisch geriebenem Parmesankäse krönt. 2 Essl. Butterflocken daraufgeben und im vorgeheizten Backofen (200 °C) etwa 30 Minuten goldbraun backen.

Nudelmaschinen eröffnen viele Möglichkeiten

Komplizierter wird die Fertigung von Nudelspezialitäten, wenn besondere Ansprüche an Form und Länge gestellt werden – je feiner die Nudel, desto spezieller das Arbeitsgerät. Eine professionelle Nudelmaschine ist teuer und lohnt sich nur für Großküchen. Auch preiswerte Geräte sind manchmal sehr funktionstüchtig und praktisch, einige eignen sich aber nur für Weißmehl, da die gröberen Teile des fein gemahlenen vollen Korns die Austrittsöffnungen verstopfen können.

Die Spätzlepresse

Vielleicht ist der eine oder die andere noch in der Lage, von einem nassen Spätzlebrett die geliebten Spätzle mit einem scharfen Messer ins siedende Wasser zu schaben (Rezept s. oben, S. 137). Eine Spätzlepresse, die einer überdimensionalen Knoblauchpresse gleicht, hilft aber auch Nichtschwaben, herrliche Frischnudelgerichte in recht kurzer Zeit zu kreieren.

Spätzleteig muss zäh vom Rührlöffel tropfen

Spätzleteig sollte so zähfließend sein, dass er nicht aus den Öffnungen der Presse heraustropft; er darf andererseits nicht so fest sein, dass es nur «Muskelprotzen» gelingt, die Presse über siedendem Wasser zusammenzudrücken.

Ganz nach persönlicher Vorliebe kann man die Teigkonsistenz so einstellen, dass kleine, rundliche oder lange, gekringelte Spätzle gelingen. Die Konsistenz ist eben «hauseigen», man muss mit den Zutaten ein wenig experimentieren.

Die Spätzlepresse ist ein über viele Generationen erprobtes Haushaltsgerät – es gibt sie weit länger als Auszugsmehle aus industrieller Produktion. Da dieser Gerätetyp ursprünglich für Dinkelmehl konstruiert wurde, gelingen mit ihm auch vorzügliche Vollkornspätzle.

Praktisch und für Vollkornnudeln gut geeignet

Die Nudelfee

So funktioniert die Nudelfee

Bei der Nudelfee wird ein Kunststofftrichter auf der einen Seite mit einer Verschlussscheibe und einem aufsteckbaren Drehstab versehen und auf der anderen Seite mit einer auswechselbaren Formscheibe verschlossen. Bevor man die Formscheibe in den Trichter eindreht, wird der Kunststofftrichter mit Nudelteig gefüllt. Mit Hilfe des Drehstabes wird die Verschlussscheibe in den Trichter eingedreht, wobei die gewünschte Nudelform aus den Öffnungen der Formscheibe herausgedrückt wird. Man hält die Nudelfee dabei mit einem Topflappenhandschuh über das siedende Wasser.

Die Kunst besteht darin, die richtige Teigkonsistenz herauszufinden, damit die Arbeit nicht in einen Kraftakt ausartet bzw. die Nudeln zu dünnflüssig herausfließen und sich im kochenden Wasser gleich wieder auflösen. Der Teig ist dann richtig, wenn sich an der Formscheibe bei einigen Umdrehungen mit dem Drehstab kleine Teigtropfen abzeichnen.

Köstliche Vollkornnockerl

Die Nudelfee ist hauptsächlich für Auszugsmehl (Typ 405) geeignet. Es bedarf einiger Versuche, bis auch aus Vollkornmehl ein Nudelteig für dieses Modell gelingt. Am besten funktioniert es, wenn man dicke, schmackhafte «Nockerl» produziert. Hierbei sollte man darauf achten, dass die kompakten Nudeldicklinge nicht zu lang geraten. Kurze Umdrehungen – stopp! Mit einem Messer notfalls nachhelfen. Und schnell weiterdrehen – stopp! Auf diese Weise lassen sich köstliche Vollkornnockerl herstellen, die dann gar sind, wenn sie an die Oberfläche steigen. Die Formscheiben mit den sehr feinen Öffnungen sind für frisch vermahlenen Vollkornteig nicht geeignet.

Eine Nudelfee kann man über die Versandfirma «Waschbär» beziehen (s. Anhang).

Der Nudelaufsatz für Haushaltsmaschinen

Spagetti oder Bandnudeln

Mit dem Nudelaufsatz von leistungsstarken Küchenmaschinen, etwa der Greenpower-Saftpresse (s. S. 154 ff.) oder einem Aufsatz für Getreidemühlen lassen sich in relativ kurzer Zeit Spagetti oder Bandnudeln herstellen. Man muss einen sehr festen, fast schon trockenen Nudelteig einfüllen, um eine lange Vollkornnudel zu erhalten. Mit dem Einführkolben drückt man einmal kräftig auf den Teig und lässt die Spagetti oder Bandnudeln (je nach Einstellung) aus dem eigens dafür vorhandenen Nudelaufsatz in ein Mehlbett gleiten. Sollten die Nudeln zu trocken aus den Auslaufdüsen austreten, geben Sie ein wenig Öl hinzu; wenn sie zu feucht sind und trotz der Bestäubung mit Mehl aneinander kleben, rollt man die Teigkugeln vor der Einführung in den Trichter in Mehl.

Sofort nach dem Austritt aus dem Nudelaufsatz bestäubt man die Pasta mit frischem Mehl. Schließlich schneidet man den Spagettistrang mit einem Küchenmesser ab. Legen Sie die frischen Nudeln nebeneinander auf ein leicht bemehltes großes Tuch auf ein Brett oder ein Tablett. Nun drücken Sie erneut auf den Einführkolben, um den nächsten Spagettistrang in Empfang zu nehmen. Nachdem sämtlicher Teig auf diese Weise in frische Nudeln verwandelt wur-

Bandnudeln aus dem Nudelaufsatz

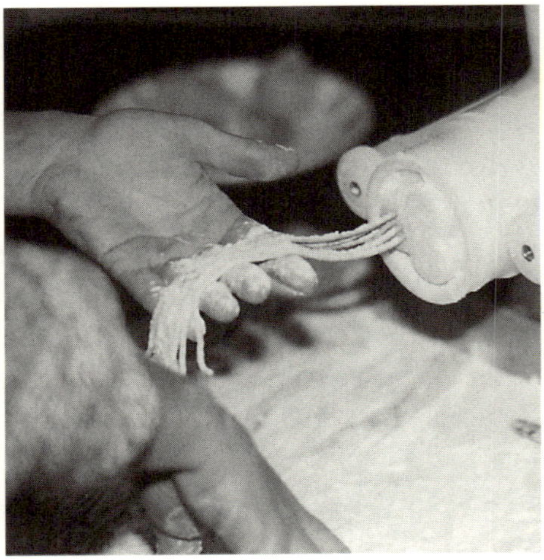

Sofort nach Austritt aus dem Nudelaufsatz bestäubt man die Pasta mit Mehl de, stellen Sie das Tablett an einen warmen, trockenen Ort, damit die Nudeln dort etwa eine Stunde lang nachtrocknen.

> Frische Nudeln, auf einem sauberen Küchentuch angetrocknet, sind mehr «al dente» als direkt gegarte Frischnudeln.

Frische Spagetti brauchen nur etwa 2 Minuten in kochendem Wasser zu garen. Sie können auch in heißer Butter geschwenkt werden. Bandnudeln werden ca. 3 Minuten in kochendem Wasser gegart.

Für Vollkornmehl eignen sich nur die großen Austrittsöffnungen des Nudelaufsatzes. Vielleicht möchten Sie andere Nudelformen mit der Maschine herstellen, dann empfehle ich die Manipulation des Nudelaufsatzes, z.B. des Greenpower. Für Vollkornmehl können Sie die Öffnungen des Aufsatzes vorsichtig ausfeilen oder aufbohren.

Die original italienische Nudelpresse

Die italienische Nudelmaschine ermöglicht es, aus jedem dehnbaren Teig (auch aus reiner Stärke, z. B. für Glasnudeln) Nudeln in breiter oder schmaler Ausführung herzustellen. Sie ist mit nur wenigen Handgriffen funktionsbereit und braucht kaum Pflege.

Reinigung

Vor dem Gebrauch wird sie mit einem Tuch abgewischt, nach jedem Gebrauch mit einem Pinsel und Tuch gereinigt. Bei ausreichender Verwendung von Olivenöl ist eine Ölung wahrscheinlich auch überflüssig. Der Hersteller empfiehlt ansonsten eine zeitweilige Ölung der Schneidwalzenenden. Niemals darf die Nudelmaschine in eine Spülmaschine gelangen. Auch scharfe Gegenstände eignen sich nicht zur Reinigung, sie ist ein «pflegeleichter Typ».

Mit einer italienischen Nudelpresse kann man auch leicht Vollkornnudeln herstellen. Zunächst wird aus Vollkornmehl ein fester Teig bereitet. Mit oder ohne Ei wird dieser Teig in eine feste Konsi-

Nudeln schnell und formschön aus der italienischen Nudelpresse.

stenz gebracht, die nicht mehr an den Händen klebt. Man testet die Beschaffenheit des Teigs und korrigiert schnell und problemlos Mängel. Zu trockene Teigplatten werden wieder zusammengedrückt und mit einigen Tropfen Öl verknetet. Jetzt ergibt sich sicher das gewünschte Ergebnis.

Vollkornnudeln mit der italienischen Nudelpresse

Der fertige Teig wird als plattgedrückte Kugel in die Walze geschoben. Nun wird die Kurbel langsam gedreht. Die linke Hand empfängt die Teigplatte und führt sie glatt aus der Presse heraus. Diesen Vorgang mehrmals wiederholen. Der Abstand der Walzen wird dabei schrittweise immer weiter verringert. Der Teig kann – je nach Mehlbeschaffenheit – sehr dünn ausgewalzt werden. Teigplatten werden zu Lasagne oder Nudelplätzchen verarbeitet oder mit dem Messer bzw. Teigschneider begradigt und durch die Schneidwalzen gekurbelt (s. Abb.).

Die Handkurbel ist sehr leicht zu wechseln. Ebenso leicht sind die Aufsätze für die Schneidwalzen austauschbar. Die einfache Ausführung der italienischen Nudelmaschine ist mit einem Doppelaufsatz für zwei unterschiedlich breite Bandnudeltypen versehen. Man erhält wunderbare breite und feine Bandnudeln. Die sich am Grund der Maschine aufkringelnden Nester werden auf ein sauberes Tuch gelegt. Wenn sämtlicher Teig durchgenudelt ist, nimmt man das Küchentuch einfach auf und kann die Nester mühelos in siedendes Wasser kippen.

Breite und dünne Nudeln in vielen Variationen

Breite Nudelstreifen und auch spagettidünne Nüdelchen können – kurz oder lang – aus Reismehl, Weizen, Dinkel oder nach italienischer Tradition aus Hartweizenmehl mit dem entsprechenden Walzenaufsatz problemlos hergestellt werden. Probieren sollte man auch Buchweizennudeln und natürlich geschmacklich aufbereitete Variationen, z.B. mit Tomatenmark, püriertem Spinat oder mit Gewürzmischungen.

Ravioli

Wem die Grundausstattung nicht reicht, kann manche Maschinen mit weiteren Aufsätzen ausrüsten. Selbst aufwendige Ravioli sind nun mühelos zu fertigen. Man legt hierfür die dünn ausgerollte und an den Rändern begradigte Nudelplatte leicht gefaltet in die Raviolipresse. Nun gibt man die gewünschte Füllung locker in das entstandene Nudelbett. Vorsichtig wird die Kurbel betätigt und die gefaltete Teigplatte mitsamt der Füllung in ihrer Mitte durch die beiden Walzen gedreht. Eine der Walzen besteht aus glattem Edelstahl, die andere ist mit quadratischen Förmchen ausgestattet, so dass die Teigplatten nur auf die Kanten dieser Förmchen gepresst werden. In den nicht aufeinander gedrückten Innenräumen der Förmchen findet die Raviolifüllung Platz. Vorsichtig wird die fertige Ravioliplatte mit der Hand aus der Maschine herausgeführt. Die fertigen Nudeltäschchen sind dank einer eingestanzten Perforierung leicht auseinander zu zupfen.

Gegen das aber, was man im Überfluss hat, wird man gleichgültig, und daher kommt es auch, dass viele hundert Pflanzen und Kräuter für wertlose Unkräuter gehalten werden und mit den Füßen zertreten werden, anstatt dass man sie beachtet, bewundert und gebraucht.

Sebastian Kneipp

Saft aus Obst, Gemüse, Kräutern und Getreide

Kaum ein Getränk ist gesünder und leckerer als Frucht- oder Gemüsesaft, der frisch gepresst wurde. Ernährungsexperten raten zu wertvollen Säften, die mit Wasser verdünnt werden; sie sind die besten Vitaldrinks.

Meinen ersten Entsafter entdeckte ich auf einem Flohmarkt und bekam ihn für sage und schreibe eine Mark. Damit konnte ich die frischen Äpfel, Möhren und andere harte Obst- und Gemüsesorten aus dem Garten zu Saft verarbeiten – ein herrlicher Morgentrunk und später auch eine wertvolle Vitaminquelle für unser Baby.

Das Prinzip der älteren Entsafter hat jedoch Nachteile: Die Früchte werden zerrieben oder zerhackt und in einer Zentrifuge unter Druck ausgepresst. Der Saft wird den Früchten dadurch gewaltsam entzogen, und es entstehen Vitaminverluste durch hohe Reibungstemperaturen.

Inzwischen gibt es jedoch sehr leistungsstarke und multifunktionale Entsafter, mit denen man Säfte schonend pressen kann.

Wertvolle Säfte / Ein multifunktionaler Entsafter

Wertvolle Säfte

Laut Statistik lag der Gesamt-pro-Kopf-Verbrauch an 100%-Fruchtsäften und Fruchtnektaren in Deutschland 1997 bei 41,4 l. Und die Tendenz ist steigend – 1991 waren es beispielsweise erst 37,2 l, 1980 19,4 l und 1970 sogar nur 9,9 l. Damit liegt Deutschland im internationalen Vergleich an der Spitze beim Fruchtsaftverbrauch (zum Vergleich: In Österreich betrug 1997 der Pro-Kopf-Verbrauch an Fruchtsäften und Fruchtnektaren 34,3 l, in den USA und der Schweiz 30,0 l, in Großbritannien 19,5 l, in Frankreich 18,0 l und in Italien z.B. nur 9,6 l).

Säfte erhalten die Vitalität

Säfte werden gern getrunken, weil sie gut schmecken, aber auch, weil sie viele gesunde Inhaltsstoffe in geballter Form enthalten. Sie sollen mithelfen, die Vitalität zu erhalten, zu steigern oder – vielleicht nach einer Krankheit – zu erneuern. Lange Wintertage, hohe körperliche oder geistige Leistungsanforderungen und vielfach auch die Folgen einer ungesunden Lebensweise verlangen zusätzliche Vitamingaben. Außerdem werden Säfte bei einer Entschlackungskur genossen, z.B. einer Saft- oder Früchtekur. Hier sollte man aber unbedingt auf frische, unbehandelte Säfte und Schorlen zurückgreifen.

Frisch gepresst – pasteurisiert – aus Konzentrat

Mag der aus Flaschen getrunkene Saft auch noch so gut sein – z.B. aus kontrolliert biologischem Anbau oder von Obst aus Streuobstwiesen –, er ist stets pasteurisiert, wenn nicht gar noch stärker verarbeitet. Pasteurisierung ist zur Haltbarmachung notwendig, denn ein frisch gepresster Saft hält nur zwei bis drei Tage im Kühlschrank und beginnt dann zu schimmeln oder zu gären. Von der Pressung bis zum Verkauf ist ein Saft aber einige Zeit unterwegs. Eine Temperatur von 80 °C müssen naturfrische Press-Säfte also mindestens über sich ergehen lassen, damit sie anschließend in steriler Form in der luftdicht verschlossenen Flasche (oder im Tetra-Pack) haltbar bleiben. Erntefrisch gepresste, pasteurisierte Säfte sind immerhin bedeutsamer für die Ernährung, als wenn die Früchte zu Konzentrat verarbeitet, gefroren und schließlich mit

Wasser wieder zu Saft verdünnt werden, wie es bei den vielen im Handel befindlichen Säften geschieht (man achte auf die Deklaration).

Fazit: Nichts geht über einen frisch und schonend gepressten Saft aus Obst, Gemüse oder Kräutern. Auch im Geschmack ist er unübertrefflich.

Schluck für Schluck genießen

Weniger ist mehr. Saft pur trinkt man genussvoll und sparsam. Nur wenn ein Saft langsam genossen wird, werden die Verdauungssäfte genügend angeregt, um den Magen und den gesamten Verdauungstrakt nicht mit Mengen an unverdaut geschlucktem Obst und Gemüse zu belasten. Ein herrlicher Gemüsesaft beispielsweise – eventuell mit einem Schuss Tabasko – rundet ein gelungenes Essen ab und regt die Verdauung an. Auch als Entree eignet sich ein schön dekoriertes Glas mit frisch gepresstem Gemüse- oder Fruchtsaft, schlückchenweise genossen.

Säfte sind wertvolle Energiespender

	Apfelsaft	Orangensaft	Traubensaft
kJ / kcal	*394 / 94*	*390 / 93*	*580 / 138*
Kalium	*240 mg*	*350 mg*	*250 mg*
Calcium	*12 mg*	*22 mg*	*25 mg*
Magnesium	*10 mg*	*24 mg*	*20 mg*
Provitamin A	*0,14 mg*	*0,18 mg*	
Vitamin C		*70 mg*	
Vitamin B_1		*0,15 mg*	
Vitamin B_2		*0,13 mg*	

Durchschnittliche Mengenangabe pro 0,2 l (etwa 1 Glas).

Isotonische Getränke

Getränke werden *isotonisch* genannt, wenn sie eine dem menschlichen Blut entsprechende Menge an osmotisch wirksamen Teilchen aufweisen und den gleichen ph-Wert haben. Leider hat niemand festgelegt, welche osmotischen Teilchen im isotonischen Getränk enthalten sein müssen.

In einem Entsafter (z.B. dem «Greenpower», s. unten) kann man beispielsweise vorgekeimtes Biogetreide mit Honig mischen und mit verschiedenen Fruchtsäften mitpressen. So kann man mit natürlichen Zutaten den Kohlenhydratgehalt eines Getränks bestimmen. Dieser «Weizengras-Saft», der im Übrigen auch aus anderen Getreidearten gepresst werden kann, enthält neben einem sehr hohen Chlorophyllgehalt alle lebenswichtigen Aminosäuren.

Natürliche Zutaten sind ideal für den Leistungssport, weil sie vom Körper sehr gut verwertet werden. Somit stellen isotonische Getränke aus reinen Naturprodukten eine sinnvolle Alternative zu den konventionellen, gezuckerten, stark verarbeiteten Getränken dar.

Elektrolytgetränke

Getränke, denen entsprechend dosierte Mineralstoffgaben (Elektrolyte) beigemengt wurden, nennt man *Elektrolytgetränke*. Zu den Elektrolyten gehören Natrium, Chlorid, Kalium, Kalzium und Magnesium. Elektrolytgetränke dürfen nach dem Lebensmittelgesetz keine Spurenelemente wie Eisen enthalten. Damit stellen sie keinen vollständigen Ausgleich für den Verlust beim Schwitzen dar.

Bei käuflichen Elektrolytgetränken werden in der Regel isolierte Mineralien und Kristallzucker zugesetzt, die langfristig dem Organismus schaden können. Besser sind selbst gemischte Elektrolytgetränke: Mineralwasser und Fruchtsaft im Verhältnis drei zu eins bis fünf zu eins (z.B. Apfelschorle).

Nur Leistungs- oder Ausdauersportler müssen möglicherweise auf Spezialdrinks zurückgreifen, die man sich – mit ausreichendem Fachwissen über die Inhaltsstoffe von Naturprodukten – ebenfalls selbst herstellen kann. Lassen Sie sich hier jedoch von einem naturheilkundlichen Arzt beraten.

Aufmunternde Getränke

Bei *aufmunternden Getränken* werden Frucht- und Gemüsesäfte, die viel Vitamin A, C und E enthalten, mit Mineralwasser gemischt und mit den natürlichen Muntermachern Grüntee oder Schwarztee ergänzt. Der für die japanische Teezeremonie verwendete sehr grüne und gehaltvolle Matchatee mit frisch gepresstem Apfelsaft, einem Stück Möhre und 4 Essl. gekeimtem Weizen (Weizengras) eignet sich hierfür am besten. Ein Matetee oder ein guter Schwarztee können mit frisch gepressten Fruchtsäften und etwas Weizengras ebenfalls zu erquickenden, herrlich mundenden Durstlöschern werden.

Ein multifunktionaler Entsafter

Der Entsafter – ein optimaler Verwerter

Mit einem guten Entsafter können Sie viel Geld für teure Säfte sparen. Die frischen Früchte jeder Jahreszeit aus Ihrem Garten – oder dem von Freunden und Bekannten – werden damit optimal genutzt. Auch mögliche «Reste» von einem zu üppig geratenem Einkauf können mit ihm zu Saft oder Eis verarbeitet werden. Wer einen Entsafter regelmäßig nutzt, wird schnell merken, dass man die Zutaten für Rohkostspezialitäten nicht extra einkaufen muss; sie fallen in einem ökologisch organisierten Haushalt immer an. Bei der Auswahl der Früchte für frische Press-Säfte ist jedoch Sorgfalt geboten, denn mit jedem Glas verzehrt man eine große Menge an Obst und Gemüse (bzw. Getreide oder Saaten). Die Zutaten wurden schließlich durch die Pressung stark komprimiert. Beim Kauf der Früchte ist es daher ratsam, auf ökologische Qualität zu achten.

Was sollte ein guter Entsafter leisten können?

Bevor man sich einen Entsafter zulegt, sollte man sich über Vor- und Nachteile der verschiedenen im Handel erhältlichen Modelle informieren. Denn es gibt heute sehr vielseitige und leistungsstarke Entsafter, die die Früchte schonend verarbeiten und sich überdies auch anderweitig einsetzen lassen. Mit einem Entsafter sollte man auf jeden Fall frisches, saftiges Obst, wie Pflaumen, Birnen und sogar Pfirsiche oder Tomaten, verarbeiten können. Optimal ist es, wenn wir mit ihm außerdem aus Blättern und Blüten Pflanzenpress-Säfte herstellen können, z.B. Johanniskrautelixier aus den Hypericumblüten oder Brennnesselsaft. Wenn man darüber hinaus mit einem Entsafter Nüsse zu schmackhaftem Nussmus quetschen kann, ist er eine äußerst vielseitige und sinnvolle Küchenmaschine.

Der Handel bietet einen solchen vielseitigen Entsafter-Typ unter verschiedenen Markenbezeichnungen, z.B. «Greenpower» oder «Greenlife», an, der mit sehr niedrigen Umdrehungstemperaturen arbeitet.

Der multifunktionale Entsafter «Greenpower»

Der Greenpower arbeitet bei niedrigen Temperaturen

Mit 110 Umdrehungen/Min. wird bei dieser Maschine ein Paar rostfreie, horizontale Edelstahl-Zwingpresskolben in Bewegung gesetzt. Weder scharfe Klingen noch Rotoren kommen zum Einsatz. Die Früchte werden bei niedrigen Temperaturen «ausgewrungen» oder komprimiert. In einem Versuch wurde ermittelt, dass sich die Temperatur des frisch gepressten Apfelsafts nur geringfügig von der des frischen Apfels unterscheidet. Auch der Oxidationsprozess wird durch die schonende Behandlung verzögert.

Edelstahl-Zwillingskolben des Entsafters «Greenpower»

Eine hohe Saftausbeute

Die Edelstahl-Zwillingskolben sind mit wellenförmig gestalteten Spindeln vergleichbar, die wie Zahnräder ineinander greifen. Gemüse, Obst und sogar Kräuter und Blüten werden leicht aufgenommen und bei extrem geringem Abstand (0,1 mm) gründlich und schnell gepresst. Dieses Verfahren ermöglicht eine bis zu 25 % höhere Saftausbeute als beim herkömmlichen Verfahren. Dabei enthält dieser Saft vor allem wesentlich mehr Mineralstoffe und Vitamine. Mit einer Einstellschraube kann die Trestergewinnung beeinflusst werden. Je stärker die Schraube angezogen wird, desto trockener fällt der Trester aus – und desto höher ist der Saftertrag.

Elixiere für die Hausapotheke

Diese Methode eröffnet außerdem die Möglichkeit, frische Press-Säfte aus Kräutern und Heilpflanzen zu gewinnen, z.B. aus Basilikum, Petersilie, Johanniskraut, Brennnessel, Salbei und anderen zur äußeren und inneren Behandlung gewünschten Pflanzen. Sie sind jedoch schnell verderblich. Für die Hausapotheke lassen sie sich zu haltbaren Elixieren verarbeiten, wenn man sie einfriert, in eine Öl-Rizinusöl-Mischung einlegt (nur für äußere Anwendungen) oder in unvergälltem Alkohol oder Korn (38 %) einlegt. So kann man das ganze Jahr hindurch von den heilsamen Wirkungen der Natur profitieren.

Muse, Soßen, Pasten

Schnell und einfach lassen sich mit einem multifunktionalen Entsafter auch Nussmuse herstellen: Man gibt die Kerne in den Trichter, füllt etwas Sojasoße oder Meersalz hinzu und erhält so ein frisches, delikates Nussmus.

Das Besondere ist, dass man die Säfte, Muse und den gewonnenen Trester im gleichen Arbeitsgang würzen und abschmecken kann. Man gibt alle Zutaten für die gewünschte Speise mit in den Einlauftrichter – ob Salz oder Vollrohrzucker, Öle, Sahne oder sogar Schokostückchen – und erhält aus den beiden Öffnungen der Maschine fertige, aber unerhitzte Getränke, Soßengrundlagen, Aufstriche, Eis und Dessertsoßen.

Gefrorenes Obst: Eis und Sorbets

Eine Besonderheit der Kolbenpresse ist die einfache und schnelle Herstellung von Sorbets und Fruchtspeiseeis. Die gewünschten Fruchtsorten (Bananen, Äpfel, Pflaumen und andere) werden gewaschen, entkernt und ins Eisfach oder die Kühltruhe gelegt, bis sie gefroren sind. Anschließend gibt man sie mit etwas Sahne und Honig, vielleicht sogar mit Schokostückchen oder Nusskernen, in den Entsafter und erhält ein cremiges Speiseeis (Gebäckteigeinlass und Gebäckteigauslass, ohne Pressschraube).

Trester

Auch die Rückstände beim Entsaften der Früchte, den Trester, kann man noch verwerten:

- Sehr feuchter Trester, z.B. von saftigem Obst oder wenig entsaftetem Gemüse, kann den Saft andicken.
- Stark entsaftet lässt sich Trester, z.B. nach der Gemüsesaftherstellung, auch als Würzmittel verwenden (für Pastasoßen oder, in zerkleinerter Form, als wohlschmeckende Zutat für Burger, Brote und Fladen).
- Für die Eisherstellung kann es vorteilhaft sein, das gewünschte Obst nicht einfach zu pürieren, sondern es sanft (ohne die Einstellschraube beim Greenpower) zu entsaften und den fruchtig-feuchten Trester für Eis zu verwenden, während man aus dem Saft einen erfrischenden Trunk bereitet.

Der «Greenlife»- oder «Greenpower»-Entsafter hat darüber hinaus noch weitere Funktionen. Selbst Teigwaren und Nudeln kann man damit herstellen (s. oben, S. 144). Genaue Bedienungsanweisungen zur Herstellung einer Vielfalt an Speisen liefert der Fabrikant.

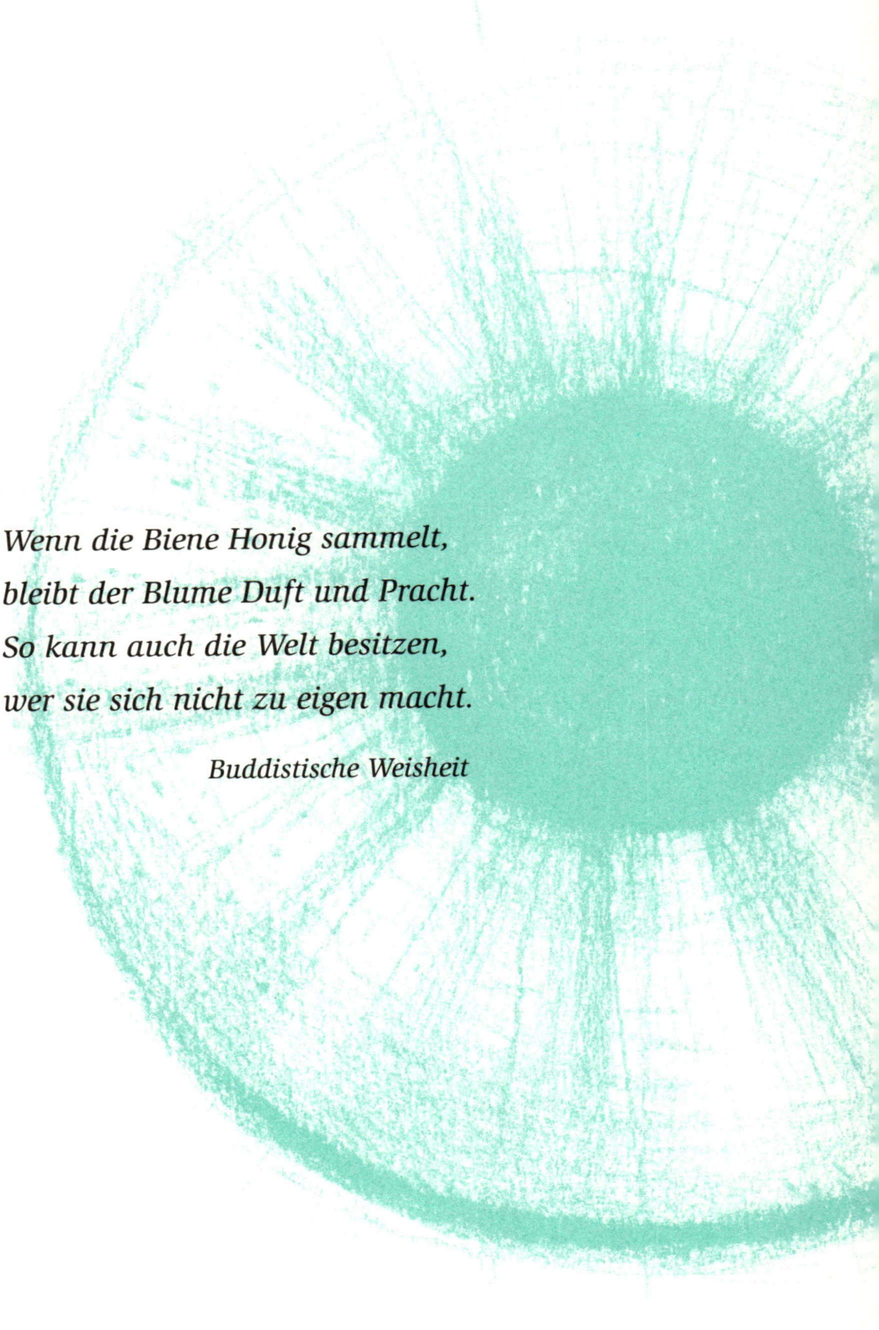

Wenn die Biene Honig sammelt,
bleibt der Blume Duft und Pracht.
So kann auch die Welt besitzen,
wer sie sich nicht zu eigen macht.

Buddistische Weisheit

Eis – selbst gerührt

Eis und Sommer gehören untrennbar zusammen. Doch selbst im Winter schmeckt vielen ein leckeres Speiseeis. Wenn sogar Erwachsene beim Gedanken an ein kühles Eis schwach werden, kann man auch Kindern den Wunsch nicht mehr verwehren. Leider wird aber mit dem leckeren Milch- oder Fruchteis auch jede Menge Zucker geschleckt, ganz zu schweigen von künstlichen Aromen, Farbstoffen und denaturierten Zutaten. Daher ist der Eisgenuss heute nicht immer eine lustvolle Angelegenheit; mehr und mehr Eisfreunde reagieren auf den einen oder anderen Inhaltsstoff allergisch – oft kommt durch Zucker und tierisches Eiweiß eine Allergie erst richtig zum Ausbruch.
Aus frischen, natürlichen Zutaten kann man aber auch selbst leckeres Eis herstellen. Man braucht nur noch ein entsprechendes Gerät, und schon kann man die herrlichsten Eisspezialitäten kredenzen.

Vom Gipfelschnee zur Eismaschine

Eis wurde immer gerne gegessen, doch wer war in früheren Jahrhunderten schon in der Lage, sich den Gaumen süß und kühl umschmeicheln zu lassen? Die Antwort ist einfach: alle, die lang ins Jahr hinein im Schnee lebten, und die Reichen, die es sich leisten konnten.

Eis, wie es die Chinesen und die Römer mochten

Gipfelschnee und Früchte, vielleicht mit ein wenig Milch, so mochten die Chinesen vor dreitausend Jahren das Eis. Auch die Eskimos bereiteten sich mit einigen Tricks ihr Speiseeis.

Die alten Römer ließen sich Eisblöcke heranschaffen; Sklaven schlugen die Blöcke in den Alpen und wickelten sie zur Isolierung in Stroh. Eis und Schnee, Honig, Früchte, aromatisiert mit Rosenwasser, Veilchen, Baumharz, Vanille und / oder Zimt – so sah das Erfrischungseis der Antike aus. Den meisten von uns würden weder die Konsistenz noch der Geschmack des römischen Eises behagen, denn beides hat sich im Laufe der Geschichte gewaltig verändert.

Ein weiter Weg bis zum Eis von heute

Bis ins 16. Jahrhundert hinein war Speiseeis ein Luxus für Wohlhabende. Doch dann wurde in Sizilien ein Verfahren entwickelt, mit Salpeter künstliche Kälte zu erzeugen. Es dauerte noch zwei Jahrhunderte, bis der französische Naturwissenschaftler Réaumur entdeckte, dass man Eis rühren muss, damit es cremig wird und besser schmeckt. Die Konstruktion von Speiseeismaschinen war nun nicht mehr weit, und die beliebten «Sorbetièren» waren selbstverständlich zunächst handbetrieben, denn Strom war ein Luxus, der erst im letzten Jahrhundert auch in die Haushalte kam. Zeitgleich mit dem Strom gelangte im späten 19. Jahrhundert auch der Zucker in die Haushalte der breiten Bevölkerung.

Strom, Zucker und schließlich die elektrische Kälte-Kompressionsmaschine, die Carl von Linde erfand, machten es möglich, dass die Kinder Deutschlands – und natürlich auch anderer Industrieländer – sich fortan im Sommer über erfrischendes Eis freuen konnten.

Masse statt Klasse?

Die industrielle Eisproduktion schaffte es, die Kunst der Eisproduktion zurückzudrängen und einen Einheitsbrei zu fabrizieren. Gegen die überragende Konkurrenz italienischer Speiseeisanbieter trotzten über Jahrzehnte hinweg wenige Speiseeishersteller mit einem cremigen Milchspeiseeis. Was den Genuss betrifft, muss man manchen Eisproduzenten auch wirklich Hochachtung aussprechen; der zarte Schmelz schmeichelt unserem Gaumen. Doch fragt der ernährungsbewusste Verbraucher auch zunehmend nach den Inhaltsstoffen. In der Regel ist kaum eine Zutat – mit seltener Ausnahme von wenigen Aromastoffen (z.B. Bourbon-Vanille) – tatsächlich noch naturbelassen. Glücklicherweise kann man sich heutzutage die Deklaration durchlesen, die da lauten könnte: eingedickte, entrahmte Milch, Glukosesirup, Butterreinfett, Kristallzucker, Molkeerzeugnis, Mono- und Diglyceride, Verdickungsmittel und Aromen, tierische Fette.

Zweifelhafte Inhaltsstoffe

Für Speiseeis werden Stabilisatoren, Emulgatoren und Bindemittel verwendet – diese können zwar natürlicher Herkunft sein (Eiweiß, Johannisbrotkernmehl, Sahne), sind aber aus Gründen der längeren Haltbarkeit und ständigen Verfügbarkeit in der Regel aus verarbeiteten Rohstoffen hergestellt. So wird Eiweißpulver anstelle von frischem Eiweiß eingesetzt, und Milchpulver kann nach Bedarf in die richtige Konsistenz gebracht und verarbeitet werden, während die Verwendung von frischer Vollmilch mit zunehmender Produktionsmenge immer unmöglicher wird. Ein Lebensmittel wird in seine Einzelbestandteile zerlegt, und nur die für das neue Produkt wichtigen Bestandteile kommen zum Einsatz – z.B. die entrahmte, eingedickte Milch und später dann als Einzelzutat das Butterfett. Die natürlichen Nahrungsmittel, z.B. die Milch, machen eine Vielzahl von Verarbeitungsschritten durch. Bei jedem dieser Schritte verliert das Lebensmittel ein wenig von seinem ursprünglichen Charakter. Es wird zu einem Kunstprodukt, das zwar lange haltbar ist, aber seine gesundheitlichen Vorteile eingebüßt hat.

Industriell hergestelltes Eis – ein Kunstprodukt

Ernährungwissenschaftler, die sich mit den Unterschieden zwischen Vollwertkost und Zivilisationskost beschäftigen, kritisieren, dass es bei dem industriell hergestellten Frucht- und Kunstspeiseeis nur noch um den Geschmack, die Gleichförmigkeit und die Haltbarkeit geht. Die geringen Kosten für die Produktion sind zwangsläufig, denn die Konkurrenz ist hart und gnadenlos. Gutes, gehaltvolles, nahrhaftes Eis – im Sinne der Vollwerternährung – kann die Industrie nicht mehr liefern.

Muss man wieder selber rühren? Vielleicht – wenn man gerne und viel Eis isst und seinen Kindern nicht nur einen Einheitsgeschmack präsentieren, sondern ihnen die Naturgaben und die Raffinessen der gesunden Küche zukommen lassen möchte.

Das Prinzip der Speiseeis-Herstellung

Ein cremiges Eis zu kreieren ist eine Kunst

Aus frischen, natürlichen Zutaten kann man selbst leckeres Eis herstellen. Viele Eltern sind bereits auf das Einfrieren von Säften umgestiegen und befriedigen damit die kühlen Gelüste ihrer Kinder. Doch für den wahren Eisfreund ist dieses «Wassereis» keine Alternative. Das Störende am tiefgefrorenen Saft ist vor allem, dass sich Zucker und Aromastoffe von dem im Obst enthaltenen Wasser trennen. Man hat zunächst ein viel zu süßes Fruchterlebnis, und übrig bleibt ein wässriger Rest. Ein cremiges, wohlschmeckendes Speiseeis zu kreieren ist eben eine Kunst. Fett, Emulgatoren und aromagebende Stoffe sind des Rätsels Lösung. Diese müssen aber in der richtigen Reihenfolge und Menge vermischt werden. Jetzt kommt es noch auf die ideale Gefriertemperatur und vor allem auf die richtige Rührtechnik an.

Die einfache Methode: mit Hilfe zweier Töpfe

In den USA ist es seit langem beliebt, Speiseeis selbst herzustellen. Es ist auch kein Geheimnis, wie dies auf einfache Weise geschieht: Man nimmt zwei Töpfe, einen großen und einen kleinen, und stellt diese ineinander. In den kleinen Topf gibt man die Speiseeismischung. Der Zwischenraum zwischen beiden Töpfen wird mit zerstoßenem Eis und Salz gefüllt, und es entsteht eine so genannte Kältemischung.

Eis und Salz – eine eiskalte Verbindung

Das funktioniert so: Salzwasser hat einen viel niedrigeren Gefrierpunkt als normales Wasser, und in dem Moment, wo Salz auf das gefrorene Wasser trifft, wird dieses blitzartig auf den niedrigeren Gefrierpunkt gebracht. Die Energie dazu wird aus der Umgebung, d. h. aus dem Topf mit der Speiseeiszubereitung, entzogen, da diese noch warm und ungefroren ist. Die Speiseeiszubereitung wird dadurch spontan und enorm gekühlt.

Wenn nun durch einen Rührmechanismus die gefrierende Speiseeiszubereitung vom Rand des inneren Topfes regelmäßig abgehoben und unter die noch warme Mischung gerührt wird, ergibt sich nach einigen Minuten eine Speiseeismischung. Es kommt allerdings nicht nur darauf an, dass regelmäßig gerührt und stark gekühlt wird, sondern es muss auch eine Stabilität in der Speiseeismischung bestehen.

Elektrische Eismaschinen und Handrührgeräte

Wer keine geeigneten Töpfe hat und eine praktische Eisherstellung wünscht, findet Eismaschinen im Handel. Es gibt eine Reihe von *Elektrogeräten* – mit oder ohne Kühlaggregat –, die alle Schritte der Eisproduktion automatisch ausführen. Hier berät der Fachhandel, denn es gibt ständig Neuerungen. Sie sollten allerdings wissen, wie viel Eis Sie produzieren möchten, damit die Anschaffungskosten in angemessener Relation zur Eismenge stehen. Wer viel und regelmäßig Eis herstellen möchte, dem ist mit diesen Geräten die Handarbeit genommen. Vor allem muss man nicht sämtliche Tätigkeiten unterbrechen, um eine Handkurbel zu betätigen.

Für kleine Mengen lohnt sich eine elektrische Eismaschine kaum, höchstens wenn man tagtäglich Speiseeis produzieren möchte. Es gibt aber auch zwei Typen von *Handrührgeräten*, mit denen man einfach und praktisch Eis herstellen kann. Man muss nur entsprechende Kühlmethoden beachten.

So funktioniert eine Eismaschine mit Handbetrieb

Ein praktisches Handrührgerät aus Italien

Es gibt eine kleine, kostengünstige handbetriebene Eismaschine, die aus einem Kunststoffbehälter besteht, in den ein Alukübel passt. Der kleine Behälter kann mit einem Deckel geschlossen werden, so dass die Kälte nur langsam entweicht. Ein Rührstab mit zwei Schabern wird in den Deckel eingesetzt. Mit einer kleinen Handkurbel lässt sich das zusammengesetzte Gerät leicht bedienen.

So wird's gemacht:

- Der Alukübel, der mit einer speziellen Kühlflüssigkeit gefüllt ist, wird über 7 Stunden aufrecht ins Tiefkühlfach gestellt.
- Hat das Gefäß nach der angegebenen Kühlzeit die richtige Temperatur erreicht, wird die vorbereitete Eismischung eingefüllt.
- Der Kübel wird in ein passendes Kunststoffgehäuse mit Dekkel und eingebautem Rührstab eingesetzt.
- Der Rührstab wird vier- bis fünfmal vorsichtig in Uhrzeigerrichtung gedreht. Man bewegt die Eismasse wallend im Kühlgefäß. Gleichzeitig schabt man die rasch kühlende Eismasse vom Rand und bringt sie in die Mitte.
- Anschließend lässt man die Masse im geschlossenen Behälter fünf Minuten ruhen.

Man rührt nur wenige Male und ohne Kraftanstrengung, lässt die Eismischung immer weiter erstarren, achtet aber darauf, dass sich nirgendwo Eis absetzt und auskristallisiert. Der gesamte Arbeitsvorgang dauert eine Viertelstunde bis maximal 25 Minuten – je nach Eismasse – und ist dann beendet, wenn sich ein cremiges Eis entwickelt hat.

Das Rührgerät – übrigens wie das Speiseeis eine Erfindung der Italiener – funktioniert so einfach, dass es sich leicht von Kindern bedienen lässt. Ein Kind, das in der Lage ist, seinen Freunden ein

Italienisches manuelles Eisrührgerät

selbst hergestelltes, geschmacklich hervorragendes Eis zu servieren, kann fortan an jeder Eisbude vorbeischlendern – frei nach dem Motto: «Guten Tag, Herr Eismann, hallo, Kollege!» Sicher wird kein «kleiner Eismann» ein käufliches Eis verschmähen, aber kritisch den Geschmack vergleichen. Was wollen Eltern mehr?

So wird Eis gesund und lecker

Die Eisherstellung ist einfach, und vor allem kann man Eis aus nur wenigen Lebensmitteln bereiten. Sämtliche Produkte für die Eisproduktion sind in der Regel in einem Haushalt vorrätig: *Milch, Sahne und manchmal ein Ei, Obst und verschiedene natürliche Süßungsmittel.*

Zutaten

Man braucht eine Grundsubstanz, z. B. Obst. Diese wird mit Milch und Sahne vermischt, um einen Emulgator zu erreichen. Weiterhin ist eine zusätzliche Süße notwendig, denn Fruchtsüße allein «verblasst» in der Kälte. Wer keine Milchprodukte verträgt, kann auf Sojamilch, Reis- oder Nussmilch ausweichen. Kaltgepresstes Pflanzenöl macht jetzt das Eis cremig und geschmeidig. Man kann sicherlich auch auf sämtliches Fett verzichten, doch das spezifische «Mundgefühl» ist nicht ohne Fett erreichbar. Fett trägt alle Geschmäcker und verleiht einem Eis seine zart-schmelzende Konsistenz. Es gibt sicherlich Rezepte für Speiseeis, die ohne Fette auskommen, doch sind diese für einen Eisfreund – gelinde gesagt – nicht der Rede wert. Man tut besser daran, das Fett als sinnliche Komponente zu betrachten und es wohldosiert und ausgewählt zu verwenden.

Eis herstellen mit dem Entsafter

Wer viel Obst im Haushalt verarbeitet, kann mit einer Saftpresse (z.B. dem beschriebenen Greenpower-Entsafter) nicht nur Frischsäfte, sondern auch saftige Trester herstellen. Für ein Pfirsich- oder Pflaumeneis ist es wichtig, den hohen Feuchtigkeitsgehalt dieser Früchte zu kontrollieren. Das sanfte Eindicken der Früchte – z.B. durch schonendes Entsaften – verhilft zu einem sehr fruchtigen und cremigen Speiseeis. Saftige Früchte, wie Pfirsiche, Pflaumen, Kirschen oder Erdbeeren, werden kurz vor der Zubereitung leicht entsaftet. Den Saft kann man sofort für andere Speisen oder für erquickende Säfte verwenden, z.B. mit Sprudel verdünnt, mit Agavendicksaft gesüßt und mit Zitronensaft abgerundet.

Eis ohne Ei

Wer ohne Ei auskommen muss und will, sollte keine leichten, saftigen Früchte verwenden. Äpfel, Bananen und andere feste Früchte können den Kälteschock leicht überstehen. Bei Früchten wie Kiwi, Pfirsich, Kirsche, Erdbeere, Brombeere etc., d.h. allen Früchten, die viel Wasser enthalten, braucht man einen Stabilisator. Wer auf Milch und Sahne verzichten möchte, kann auf Tofu – einen Sojakäse – zurückgreifen. Tofu ist bereits geronnen und reagiert nicht so schnell mit Fruchtsäuren. Der Sojakäse muss allerdings zerdrückt werden und sich mit der Frucht vermischen, bevor er in die Eismaschine kommt.

Die Süßungsmittel

Wer auf raffinierten Zucker verzichten möchte, findet eine große Auswahl an Naturprodukten: Rohrohrzucker, die verschiedenen Formen von Sirup (Malzsirup, Ahornsirup, Reissirup, Agavendicksaft), die Krautsorten (Rübenkraut, Apfelkraut, Pflaumenkraut und andere eingedickte Obstsorten) oder Honige. Daneben gibt es Dicksäfte, die flüssiger und nicht so intensiv sind wie die Krautsorten, und schließlich noch das Trockenobst, aus dem man, feinpüriert mit Milch und Sahne, ebenfalls die herrlichsten Eissorten herstellen kann.

Ich zähle zu den «süßen Sachen» auch Schokoladenstückchen, die z.B. von einer «Weihnachtsschokolade» abgeraspelt werden. Kleine Stückchen aus unbehandelter Zitronen- oder Apfelsinenschale können ebenso im Fruchteis für Begeisterung sorgen.

Rezept-Tipps

Eis aus der «Saftpresse»

Wer eine multifunktionale Saftpresse besitzt, kann das Obst tiefgefrieren und schließlich mit allen Zutaten (Sahne, Öl, Tofu, Süßungsmittel) in die Maschine geben. Verzichten Sie auf Siebe und die Einstellschraube. Geben Sie das gefrorene Obst stückchenweise in die Maschine und füllen Sie einen Teil der Sahne, des Tofus und der Süßungsmittel hinterher. Im Wechsel geben Sie jeweils einen Teil Obst und einen Teil der restlichen Zutaten hinzu. Sie erhalten ein herrlich weiches Eis, das sofort serviert wird.

Tipp: Fruchtiger schmeckt dieses Sorbet, wenn Sie auch frische Früchte in kleinen Stückchen in die Maschine geben. Sie können ebenso Schokoladenteilchen hineingeben, Sonnenblumenkerne oder Schalenstücke von unbehandelten Zitronen bzw. Apfelsinen.

Pfirsicheis

3 Pfirsiche, 200 mg Sahne, 100 mg Milch, 1 Eiweiß, 2 Essl. Rohrohrzucker.

Die Pfirsiche pürieren (oder besser mit der Saftpresse entsaften) und mit der Sahne und der Milch vermengen.

Das Eiweiß mit dem Rohrohrzucker kurz vor dem Einfüllen in den Kühltrichter aufschäumen und unter die restlichen Zutaten rühren.

Den Eiscontainer der kleinen Handkurbelmaschine mindestens 7 Stunden im Kühlfach gefrieren. Anschließend die Eismischung einfüllen und fünfmal langsam umrühren. Dann wieder kaltstellen. Danach zunächst alle fünf Minuten mehrere Male die Kurbel betätigen und zwischendurch kühlen. Später, wenn das Eis schon recht fest ist, in kürzerem Turnus rühren. Kurz bevor das Eis dann servierfähig ist, sollte man sehr langsam, aber regelmäßig rühren, bis die gewünschte Konsistenz entstanden ist.

Allergiker-Eis: Apfel-Tofu-Eis

500 g Boskop-Äpfel, 250 g Tofu, 5 Essl. Agavendicksaft.

Alles pürieren oder durch den Greenpower-Entsafter quetschen. In eine Eismaschine füllen und gefrieren lassen. Wer mag, kann einen Teel. Walnussöl hinzugeben.

Die letzten Früchte sollte man
an den Obstbäumen lassen,
sie gehören den Vögeln.

Volksweisheit

Dörren

Das Trocknen von Lebensmitteln ist eine der ältesten und einfachsten Konservierungsmethoden überhaupt. Beim schonenden und langsamen Trocknen findet eine Art «Weiterreifung» statt. Wichtige Nährsalze bleiben erhalten; Kalzium, Phosphor, Kalium und Eisen sind z.B. im Dörrobst konzentriert vorhanden. Das Aroma wird intensiviert oder auf interessante Weise verändert. Der Anteil vieler Vitamine nimmt zwar ab – Vitamin C z.B. verträgt den Dörrprozess recht schlecht –, doch lassen sich die Vitamine B_1, B_2 und B_6 sowie Niacin, selten auch Vitamin E vermehrt nachweisen. Die Konzentration der Kohlenhydrate erhöht sich auf das Vier- bis Sechsfache. Durch das Dehydrieren – wodurch Fäulnisbakterien der Lebensraum entzogen und die Gärung verhindert wird – verringert sich der Wassergehalt von frischen Früchten auf etwa 25 %.

Auf diese Weise konservierte Lebensmittel sind bei trockener, dunkler Lagerung sehr lange haltbar und benötigen wenig Platz. Das Verfahren ist kostengünstig, da keine Konservierungsmittel wie Essig, Zucker oder Öl verwendet werden. Fast alle Sorten Obst, Gemüse, Pilze und Kräuter können getrocknet werden.

Wie wird gedörrt?

Es gibt unterschiedliche Dörr-Methoden – je nachdem, ob es sich um Kräuter handelt, die man zum Trocknen an einen trockenen, lichtgeschützten Ort hängt, oder ob die gesamte Apfelernte eines Sommers zu bewältigen ist.

Gewürze trocknen

Hartblättrige, großblättrige oder mehrjährige Würzpflanzen mit holzigen oder fasrigen Stielen, z.B. Thymian, Salbei, Bohnenkraut, Beifuß, Minze oder Oregano, kann man kurz vor der Blüte in den Morgenstunden sammeln, bündeln und mit der Knospe nach unten an einem gut belüfteten, kühlen Ort zum Trocknen aufhängen. Sobald die Gewürze getrocknet sind, werden die Blätter abgestreift, zerrieben und in luftdichte Gefäße gefüllt. So überdauern sie einen Winter und geben den Speisen ihr herrliches Aroma. Zu lange sollten die Kräuter nicht hängen, da sie sonst verstauben. Blätter saftiger Kräuter oder Blüten trocknet man gut auf einem sauberen ausgebreiteten Küchentuch an einem schattigen, luftigen Ort. Auch Zwiebelgewächse und Knoblauch werden luftgetrocknet und halten einen Winter lang.

Äpfel und Birnen dörren

Feste Äpfel und Birnen sind ein wunderbares Dörrgut und ohne großen Aufwand zu trocknen. Mit einem Messer schneidet man das Zentrum der Frucht samt Stiel aus dem Fruchtfleisch heraus. Sparschäler haben manchmal eine besondere Schneidekante, mit der man diese Arbeit einfach und schnell verrichten kann. Man stößt die Schneidkante am Blütennabel durch das Obst und dreht den Schäler mehrmals, bis man den inneren Teil der Frucht herausgelöst hat. Nun wird das Obst mit dem Loch in der Mitte in schmale Scheibchen geteilt. Diese werden an einer langen Schnur aufgereiht und an einem luftigen Ort, z.B. über einem Ofen bzw. im oberen Bereich der Küchenwand oder an der Decke, aufgespannt. Nach nur wenigen Tagen sind hier herrliche getrocknete Apfel- und Birnenringe zu «ernten» – eine heiß geliebte Süßigkeit für Kinder und eine wunderbare Zutat für viele Speisen.

Dörrschränke

Dörrschränke sind im ländlichen Bereich oft noch fester Bestandteil des Haushaltes. Sie lassen sich auch nachträglich einrichten: Ein alter Besenschrank beispielsweise kann zum Dörrschrank umfunktioniert werden. Die Zwischenbretter werden herausgenommen und durch Rahmen ersetzt, die mit Fliegendraht bespannt werden. Auf diesen Gitterrahmen lagert man nun das Dörrgut. So kann man z.B. Blüten von Calendula, Johanniskraut und Holunder, Birkenblätter, Minzblätter und andere Kräuter schnell und problemlos trocknen.

Diese Form der Lufttrockung ist allerdings nicht für saftige Früchte geeignet. Der Wassergehalt von Obst und Gemüse ist sehr hoch. Eine zusätzliche Belüftung – insbesondere durch warme Luft – ist notwendig, um ein Verderben der Früchte und Gemüse während der Trocknung zu verhindern. Man kann einen Dörrschrank so umbauen, dass ein gezielt temperierbarer Ventilator von unten her das Dörrgut durchbläst. Hierzu gibt es Bauanleitungen in der Fachliteratur (s. Anhang).

Dörren im Backofen

Es besteht allerdings auch die Möglichkeit, im Backofen – insbesondere im Umluftherd – oder in einem speziellen Dörrapparat die wunderbarsten Trockenfrüchte zu erzeugen. Sie brauchen dafür zwei Einschubroste und zwei Dörrgitter (auf einen Rahmen gespannte Metallfliegengitter). Das Dörrgut muss vollkommen reif sein. Feste Sorten wie Äpfel, Birnen, Möhren, Rote Bete oder Zwiebeln können direkt gedörrt werden. Man erreicht Qualitätsunterschiede, wenn man harte Gemüse- und Obstsorten ebenso wie Weichobst behandelt.

Pflaumen, Trauben und andere weiche Früchte werden kurz blanchiert. Nach dem Abtropfen legt man sie auf ein speziell vorbereitetes Gitter für den Backofen. Dörrgut muss unbedingt nebeneinander gelagert werden und darf nicht übereinander lappen.

Die Flamme im Gas- bzw. die Temperaturregelung im Elektrobackofen wird vor dem Einschieben der Dörrgitter auf kleinste Stufe geschaltet und der Ofen kurz vorgewärmt. Auf einen Einschubrost wird das Dörrgitter gelegt und auf die obere Schiene des Backofens geschoben, ein weiterer Rost kommt auf die unterste. Obere und untere Schiene sollten stündlich gewechselt werden.

Der Backofen wird nicht vollständig geschlossen. Sollte keine Dampfsperre eingebaut sein, klemmt man mit einem Kochlöffel die Tür einen Spalt weit auf. Bilden sich dennoch Tropfen auf der Backofentür oder dem Backofenrahmen, ist die Hitze zu stark.

Dörrzeit 8 – 10 Stunden.

Das Dörrgut ist fertig, wenn es völlig trocken ist. Es darf nur völlig ausgedörrt gelagert werden, weil es sonst fault und schimmelt. Es gibt allerdings spezielle Rezepte, die nicht vollständig durchgetrocknete Zutaten benötigen. Dann kommt jedoch ein weiteres Konservierungsverfahren hinzu – z.B. das Einlegen in Öl.

Dörrgeräte

Wer viele Früchte und Gemüsesorten dörren möchte, wird bald den Dauerbetrieb des Backofens beklagen. Ein Dörrapparat schafft Abhilfe. Er sorgt für die richtige Temperatur und eine gute Durchlüftung für alle möglichen Sorten von Feldfrüchten. Der Dörrapparat benötigt 300 Watt, also in einer Stunde gerade mal soviel wie drei Glühbirnen. Selbst empfindliche Kräuter oder Pilze und

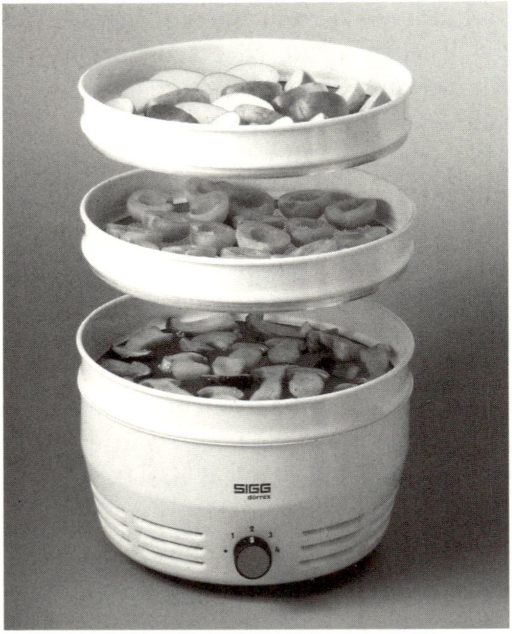

Dörrapparat mit Einsatzsieben

saftiges Obst lassen sich in so einem elektrischen Gerät gut trocknen. Es gibt verschiedene Einstellstufen, die die Temperatur und die Luftzirkulation regeln. Mit einiger Übung wird es möglich, alle Gartenfrüchte zu dörren, um sie anschließend in einem gut verschließbaren Glas aufzubewahren oder zu speziellen Delikatessen weiter zu verarbeiten.

In einen Dörrapparat können mehrere Einsatzsiebe aufeinander gesteckt werden. Eine Platz sparende und optimale Ausnutzung von Energie und Wärme ist gesichert. Dörrapparate werden mit Kunststoffsieben oder Edelstahleinsätzen angeboten. In beiden Fällen ist die Oxidation des Dörrguts ausgeschlossen, was bei anderen Materialien nicht der Fall ist. So besteht z.B. in selbst gebauten Dörrschränken die Gefahr der Schwarzfärbung durch die Reaktion der Säuren im Dörrgut auf das Metall.

Einige Grundregeln

Grundsätzlich werden Sie – ganz gleich, auf welche Weise Sie dörren – sehr bald herausfinden, wie es am besten gelingt.

- Dörren Sie auf möglichst konstanten Temperaturen und nicht über 45 °C.
- Legen Sie alles Dörrgut immer nebeneinander. Es darf nicht überlappen.
- Schichten Sie die Rahmen über der Wärmequelle zeitweise um, wenn Sie große Mengen gleichen Dörrguts verarbeiten. Ansonsten geben Sie die schnell trocknenden Früchte in den oberen Bereich, während dicke, saftige Lebensmittel im wärmeren Bereich getrocknet werden, z. B. Trauben, Tomaten, dicke Pilzstücke.
- Kontrollieren Sie das Dörrgut und wenden Sie es von Zeit zu Zeit.

Aufbewahren von Dörrgut

In Gläsern mit Schraubdeckeln hält sich Gedörrtes sehr gut und lange. Eine traditionelle Methode ist die Lagerung in frisch gewaschenen und in Essig gespülten Baumwoll- oder Leinensäcken, die an einen luftigen, trockenen, kühlen und möglichst dunklen Ort gehängt werden – so wie in der alten Speisekammer. Cellophantüten werden mit Spangen oder Gummis gut verschlossen und dunkel gelagert. Gelegentlich werden die Säcke auf Ungeziefer (Dörrobstmotten) inspiziert. Monatliche Kontrollen sind empfehlenswert.

Rezepte

Kurzes Blanchieren von Gemüse

Durch kurzes Abkochen in Salzwasser wird das Dörrgut leicht aufgeschlossen. Das Ergebnis ist anders, als wenn direkt das frische Gemüse getrocknet wird – Probieren geht über Studieren … Bohnen und Erbsen werden jedoch vor dem Trocknen immer gedämpft oder blanchiert.

Klein gehacktes Trockengemüse kann gut in Soßen oder zur Herstellung von Gemüsesalz verwendet werden.

Zucchinichips

Zucchinis in feine Ringe schneiden, sehr trocken dörren und mit Kräutersalz, Paprika und etwas Chili würzen.

Bananenchips

Überreife Bananen mit weißem, festem Fruchtfleisch werden in dünne Scheibchen geschnitten und zu süßen «Chips» getrocknet.

Pilze

Pilze werden nicht gewaschen, sondern mit einem feuchten Tuch abgewischt, in Stücke geschnitten und auf den Rosten verteilt.

Einige Pilzsorten bleiben nach dem Trocknen hart oder werden schleimig. Diese Sorten werden entweder direkt nach der Trocknung zu Pulver zerrieben oder kurz vor dem Kochen in winzige Stückchen zerhackt.

Fruchtschnitte

Pflaumen, Aprikosen und andere reife, saftige Früchte werden entkernt und püriert, durch ein feines Sieb gestrichen und abgetropft oder leicht entsaftet. Einige Spritzer Zitronensaft, Honig, gehackte Nusskerne und Mandeln untermengen, abschmecken. Sollte der Brei zu flüssig sein, mit etwas Johannisbrotkernmehl andicken. Den zähen Brei auf Pergamentpapier ausstreichen (ca. 1/2 cm dick). Wenn die Masse schneidbar ist, teilt man die Portionen mit dem Messer und legt die Fruchtschnitten zum Weiterdörren direkt auf die Roste. Wer keine klebrigen Hände bekommen möchte, drückt nach Beendigung des Dörrvorgangs Backoblaten auf die Seiten.

Getrocknete Tomaten in Kräuter-Olivenöl

Tomaten waschen, abtrocknen, vierteln und von Kernen und feuchtem Fruchtfleisch befreien. Tomaten sind sehr saftig und brauchen lange, um optimal zu trocken. Sie sollten für diese Delikatesse jedoch nicht völlig austrocknen, sondern zähfruchtig bleiben. Die Haut darf nicht zu ledrig sein. Die getrockneten Tomaten werden in ein verschließbares Glas gegeben und mit Olivenöl bedeckt. Mit Weinessig, Kräutersalz, frisch gequetschtem Knoblauch, einigen Zwiebelringen, scharfem Blattpaprika, Lorbeerblatt und Gewürzen (Rosmarin, Thymian, Basilikum, Oregano) wird abgeschmeckt. Eine herrliche Spezialität!

Aus dem Fruchtfleisch lassen sich übrigens feine Tomatensuppen oder -soßen kreieren.

Zur Metamorphosenreihe der Zeichnungen von Hans-Jörg Palm

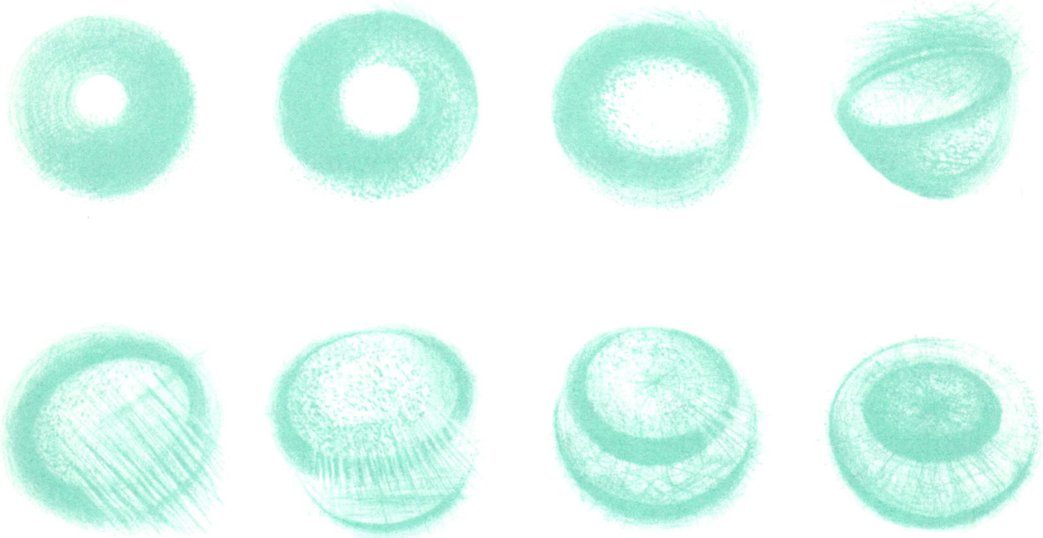

Die den Kapiteln vorangestellten Zeichnungen von Hans-Jörg Palm stellen für den Leser eine visuelle Hilfe dar, Entwicklungsprozesse, die sonst nur in den Gedankenabläufen eines Buchinhaltes wahrgenommen werden können, in bildlicher Form mitzuvollziehen. Der Leser kann sich dadurch die Entwicklung eines inhaltlichen Stromes bewusst machen. Auf dieser Doppelseite sind die Zeichnungen im Überblick anschaubar.

Die Zeichnungen begleiten auf freie Weise die Inhalte des Buches, sie sind keine konkrete Illustration, sondern entwickeln sich auf ihre spezifische Weise, analog der Entwicklungsvorgänge im Gedankenfluss des Textes.

Dieses Bewusstwerden von Entwicklungsprozessen bzw. Lebensprozessen – beide haben den gleichen Ursprung, die Sphäre des Lebendigen, des «Ätherischen» – kann dem Leser eine Hilfe sein, diese Prozesse wahrzunehmen und sie sich bewusst zu machen.

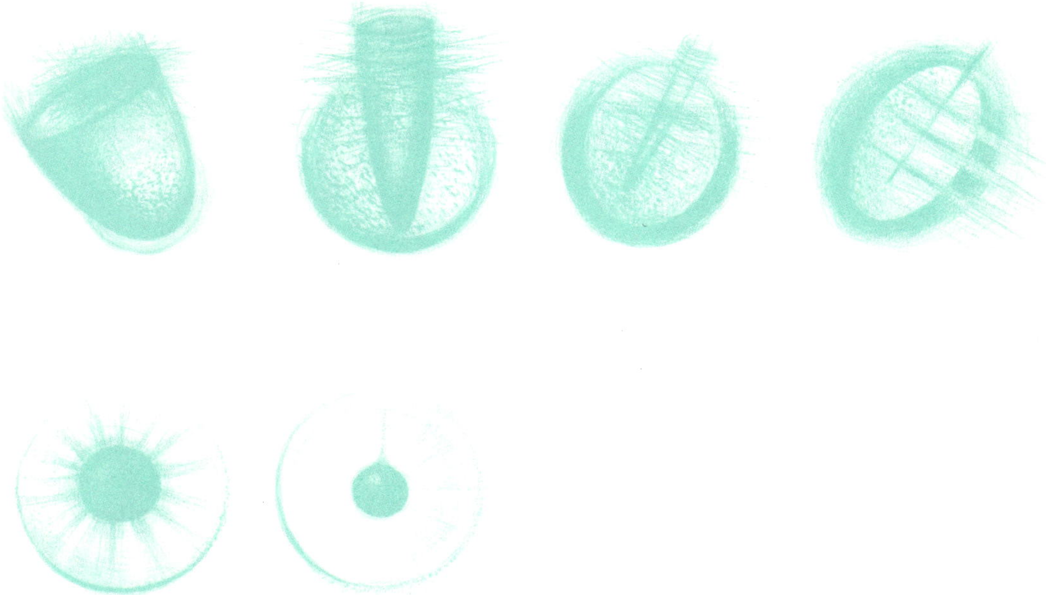

Der Künstler Hansjörg Palm

1959	geboren in Vaihingen/Enz
1982/83	Anthroposophisches Studienseminar, Stuttgart
1983-85	Bildhauereistudium, Alanus Kunsthochschule, Bonn
1985-86	Aufbaustudium Bildhauerei, Emerson College, London
1987/88	Naturwissenschaftliches Studienjahr, Goetheanum, Dornach
1989-93	Projekt Landschaftsgestaltung, Goetheanum, Dornach
Seit 1994	freischaffender Plastiker
Seit 1995	Zusammenarbeit mit K. Hansen (Unternehmensberatung)
Seit 1996	Mitglied im BBK – Südbaden

Ausstellungen und Kunstobjekte in Deutschland, Frankreich, Schweiz, England und Japan

Anhang

Literatur

Aihara, Herman: *Säuren & Basen. Synthese aus dem westlichen Säure/Base-Modell und dem östlichen Yin/Yang-Prinzip.* Verlag Mahajiva, Holthausen/Münster [4]1995. ISBN 3-924845-19-0.

Amaranth – Körner einer alten Kulturpflanze. Deutscher Landwirtschaftsverlag 1995.

Arbeitskreis für Ernährungsforschung: *Getreidezubereitung schmackhaft und bekömmlich. Rezepte,* Bad Liebenzell 1992. ISBN 3-922290-15-9.

Bustorf-Hirsch, Maren: *Joghurt, Quark, Käse und Butter. Schmackhaftes aus Milch.* Falken-Verlag GmbH, Niedernhausen/Ts. 1993. ISBN: 3-8068-0739-6.

Butter & Käse. Packpapier Nr. 18. Packpapierverlag, Osnabrück. Box 1811.

Dengler, Hanna, und Anna Rohlfs-von Wittich: *Gemüse – Kräuter – Obst. Vielfältig und naturgemäß kochen in tausend Rezepten.* Verlag Freies Geistesleben, Stuttgart 1987. ISBN: 3-7725-0753-0.

Erika / Renato: *Haltbarmach-Almanach. Alternativen zur Tiefkühltruhe und Konserve.* Packpapierverlag, Osnabrück 1988. ISBN 3-931505-14-X.

Hoffmann, Manfred (Hrsg.): *Vom Lebendigen in Lebensmitteln. Die bioelektronischen Zusammenhänge zwischen Lebensmittelqualität, Ernährung und Gesundheit.* Stiftung Ökologie und Landbau (SÖL), Weinstr. Süd 51, 67089 Bad Dürkheim. Deukalion Verlag, Holm 1997. ISBN 3-930720-34-5.

Hastenpflug, Markus: *Amaranth – Neue Aussichten für eine alte Wunderpflanze.* Amaranthbroschüre der Firma Allos, Imkerhof, 49457 Mariendrebber.

Hauschka, Rudolf: *Ernährungslehre. Zum Verständnis der Physiologie der Verdauung und der ponderablen und imponderablen Qualitäten der Nahrungsstoffe.* Verlag Vittorio Klostermann, Frankfurt/M. [9]1998. ISBN 3-465-01871-0.

Hübner, Barbara: *Aus Barbara Hübners feiner Würzküche: Gerichte mit Getreide. Suppen und Nachspeisen, Frühstücks- und Abendgerichte.* Verlag Freies Geistesleben, [2]1988. ISBN: 3-7725-0785-9.

Hübner, Barbara: *Aus Barbara Hübners feiner Würzküche: Band II. Hauptgerichte mit Getreide, Gemüse, Obst.* Verlag Freies Geistesleben, Stuttgart [2]1992. ISBN: 3-7725-0817-0.

Jentsch, Thunar: *Papua-Neuguinea.* edition aragon, Moers 1989. ISBN: 3-924690-34-0.

Jong, Vreni de: *Kinderernährung – gesund und lecker. Sämtliche Grundlagen und 750 Rezepte für die Vollwertküche in der Familie.* Verlag Freies Geistesleben, Stuttgart 1993. ISBN 3-7725-1177-5.

Kühne, Petra: *Ernährungssprechstunde. Grundlagen einer gesunden Lebensführung.* Verlag Urachhaus, Stuttgart 1993. ISBN: 3-87838-983-3.

Kutik, Christiane und Eva-Maria Ott-Heidmann: *Das Jahreszeitenbuch,* Stuttgart 1996. ISBN 3-7725-0884-7.

Lehmann, Anneliese: *Meine besten Rezepte aus der Vollwertbackstube.* Schnitzer-Verlag, St. Georgen im Schwarzwald 1995, ISBN 3-922 894-93-3.

Markowitz, Elysa: *Leben mit dem Green-Power. Eine Rohkost-Rezeptesammlung für Feinschmecker.* Wilfried Holler Verlag, Postfach 1337, 21614 Buxtehude.

Messing, Norbert: *Die Säure-Basen-Balance. Jungbrunnen für Zellen, Stoffwechsel und Organe.* Verlag Norbert Messing, Bad Schönborn [2]1996. ISBN 3-927124-22-2.

Müller-Mees, Elke: *Sauer macht nicht lustig. Basische Ernährung gegen Krebs, Rheuma und chronische Erkrankungen.* Droemersche Verlagsanstalt, München 1996. ISBN 3-426-76123-8.

Münster, Walter: *Käse selbstgemacht. Gesundes aus der Milch von Kuh, Schaf und Ziege. Handbuch für die Hobby- und Nebenerwerbskäserei*. pala-verlag, Darmstadt 1992. ISBN: 3-923176-76-7.

Price, Weston A.D.D.S: *Nutrition and physical degeneration*. Price-Pottenger Nutrition Foundation. A Nonprofit. Tax-Exempt Education Corporation. 5871 El Cajon Blvd. San Diego. CA 92115 - (619)582-4168.

Wolff, Otto: *Was essen wir eigentlich? Praktische Gesichtspunkte zur Ernährung auf geisteswissenschaftlicher Grundlage*. Verlag Freies Geistesleben, Stuttgart 1996. ISBN 3-7725-1244-5.

Bezugsquellen

Getreidemühlen:

Naturkostfachgeschäfte, Haushaltswaren- oder Elektrofachgeschäfte, Naturwarenversandhandel und Mühlenhersteller (s. ALTOP, S. 182).

Flockenquetschen:

wie oben. Hersteller z.B. Eschenfelder. Flocker-Aufsätze für Mühlen: z.B. Messerschmidt. Elektromühlen mit Handbetrieb-Nachrüstset: Messerschmidt und (RBV) Waltraud Birkmann.

Keimgeräte:

wie oben: Gerätetypen z.B. Eschenfelder Sprossenglas und Kressesieb, Hawo's Toni (Tonkeimer), Biosnacky Keimglas und Sprossenstation, Lima Keimstation.

Tajine:

Ali Baba; Luba GmbH.

Tontopf:

Scheurich GmbH.

Wok:
Asiahandel und z.B. Luba GmbH.

Stuplich-Topf:
Rai Stuplich.

Jogurt:
Starterferment im Naturkosthandel und im Reformhaus.

Käsereibedarf:
Bunte Kuh.

Kefir:
Starterferment im Naturkosthandel und im Reformhaus. Getrocknete Pilze: Apotheke. Frische Kefirknolle: Interpilz, Dr. Meixner GmbH.

Brotbackmaschinen:
Haushaltswarenhandel.

Saftpresse:
«Green Life»: Keimling Naturkost GmbH. «Green Power»: Luba GmbH.

Nudelmaschinen:
Nudelfee: Waschbär, Luba GmbH. KitchenAid-Küchenmaschinen, Kenwood-Küchenmaschinen, Bosch-Küchenmaschinen, Greenpower, Italienische Nudelmaschine, 2 Sorten, und «Multipast», 5 Sorten, sowie Schneidemesser und Formpressen: Haushaltsfachgeschäfte.

Eismaschine:
Gute Dinge. Handrührgerät «Donvier»: Luba GmbH und Waschbär Versand.

Dörraparate:
Luba GmbH und Haushaltswarengeschäfte.

Adressen von Naturkosteinzelhändlern, -großhändlern und -herstellern:
Das Alternative Branchenbuch. ALTOP Verlags- und Vertriebsgesellschaft für umweltfreundliche Produkte mbH, 81371 München. ISBN: 3-925646-21-3.

Versandhandelsadressen

Ali Baba, Am Weidenbach 30, 88299 Leutkirch.

Bunte Kuh: Jay Brady, Hinterdorfstr. 18, 36154 Hainzell.

Waltraud Birkmann, Bokeler Str. 5, 33790 Halle.

Gute Dinge, Pfaffgasse 4, 56379 Holzappel.

Interpilz, Dr. Meixner GmbH, Sonntagweg 6c, 70569 Stuttgart.

Keimling Naturkost GmbH, Bahnhofstr. 51, 21614 Buxtehude.

Messerschmidt Hausgeräte GmbH, August-Heisler Weg 6, 78126 Königsfeld.

Luba GmbH, Ober-Eschbacher-Str. 37, 61352 Bad Homburg.

Rai Stuplich, Görgenstr. 7, 56068 Koblenz.

Scheurich GmbH & Co KG, 63921 Kleinheubach (die Produkte sind auch in Haushaltswarengeschäften erhältlich).

Waschbär Umweltprodukte Versand GmbH, 79093 Freiburg.

Auskunft zu Fragen der Ernährung und der Lebensmittelqualität

Arbeitskreis für Ernährungsforschung e.V., Zwerweg 19, 75378 Bad Liebenzell. Tel.: 07052/3061.

Arbeitsgemeinschaft Ökologischer Landbau, Baumschulenweg 11, 64295 Darmstadt.

ArbeitsGemeinschaft Ökologischer Landbau (AGÖL) e.V., Brandschneise 1, 64295 Darmstadt. Tel.: 06155/2081.

Bundesverband Naturkost Naturwaren e.V., Robert-Bosch-Str. 6, 50354 Hürth. Tel.: 0223/9633819.

Demeter Bund e.V., Fenchelstr. 14, 70619 Stuttgart. Tel.: 0711/4411025.

Forschungsring für Biologisch-Dynamische Wirtschaftsweise e.V., Baumschulenweg 11, 64295 Darmstadt. Tel.: 06155/2674.

Bildnachweis

S. 30 oben, 32 oben rechts, 55, 74, 129, 144 links, 154, 155, 165, 174: Luba GmbH.

S. 30 unten links und unten rechts, 31, 32 unten links und unten rechts: Messerschmidt Hausgeräte GmbH.

S. 32 oben links, 40, 42, 53, 54, 60: Eschenfelder.

S. 90, 92: Rai Stuplich.

S. 106, 108, 109, 144 rechts, 146: Ulrike Richter.

Verein für Anthroposophisches Heilwesen

Der Verein für Anthroposophisches Heilwesen wurde 1952 von Ärzten und Patienten mit dem Ziel gegründet, eine Medizin bekannt zu machen, die den Menschen als eine Einheit von Körper, Seele und Geist versteht.

Vorbeugende Gesundheitspflege

Es geht nicht nur darum, Krankheiten zu heilen, sondern darum, wie sich der Mensch im Lebensalltag – therapeutisch und medizinisch unterstützt – gesund erhält.

Mit einer intensiven Aufklärungsarbeit versucht der Verein, diesen ganzheitlichen Ansatz zu vermitteln. Durch Vorträge und Seminare zu den verschiedenen Lebensbereichen will er Wege aufzeigen, wie eine vorbeugende Gesundheitspflege gefördert werden kann. Dazu gehört die Herausgabe von Orientierungsschriften wie zum Beispiel der «Beiträge für eine bewusste Lebensführung in Gesundheit und Krankheit», die Lebensfragen von der Kindheit bis zum Alter behandeln und praktische Lebenshilfe bieten.

Aktive Mitgliedschaft

Anliegen des Vereins ist es, initiativfreudige Mitglieder darin zu unterstützen, sich zu einer örtlichen Arbeitsgruppe zusammenzuschließen, die den jeweiligen Gegebenheiten ihres Ortes entsprechend Öffentlichkeitsarbeit leisten kann. Dem Verein sind inzwischen über 80 Arbeitsgruppen und Therapeutika angeschlossen sowie mehrere Schwestervereine im Ausland. Die Unterstützung und Betreuung dieser Einrichtungen ist eine seiner wesentlichen Aufgaben.

Selbstbestimmung und Therapiefreiheit

Ein weiteres Ziel besteht darin, im gesundheitspolitischen Bereich den notwendigen Freiraum für ein allgemeines freiheitliches Gesundheitswesen zu erhalten und zu vergrößern. Die gesetzlich verankerten Rechte auf Selbstbestimmung des Patienten, Therapiefreiheit des Arztes, Vielfalt der Therapierichtungen gilt es heute gegen vielfache Angriffe von Seiten einer rein naturwissenschaftlich orientierten Medizin zu verteidigen.

Dazu hat der Verein sich mit mehreren Berufsverbänden zusammengetan, um auf die zunehmenden Beschränkungen für die «Besonderen Therapierichtungen» aufmerksam zu machen.

Ein weiteres Ziel umfasst die Förderung und Unterstützung von anthroposophisch orientierten Initiativen im Gesundheitswesen wie Forschungs- und Ausbildungsstätten, Arbeitsgruppen, Therapeutika und Arztpraxen; diese Tätigkeit wird durch die finanzielle Mithilfe und Spendenfreudigkeit aller Mitglieder und Interessenten ermöglicht.

Die Kraft des Vereins, sich für die Verwirklichung dieser Ziele einzusetzen, hängt von seiner Mitgliederzahl ab. Alle diejenigen, die in einem freiheitlichen Gesundheitswesen und in der Unterstützung und Verbreitung der anthroposophischen Medizin ein wichtiges Anliegen sehen, möchten wir daher dazu aufrufen, dem Verein für Anthroposophisches Heilwesen beizutreten und damit seine Wirkensmöglichkeit zu verstärken!

Kontakt: Verein für Anthroposophisches Heilwesen
Johannes-Kepler-Str. 56, 75378 Bad Liebenzell
Telefon (0 70 52) 93 01-0, Telefax (0 70 52) 93 01-10,
E-Mail: verein@heilwesen.de
Internet: http://www.heilwesen.de

Messerschmidt

IDEEN MIT VOLLKORN

VARIUS

Drei mit Einem!
- Mühle
- Flocker
- Raffel

100 g/min Getreide
mehlfein gemahlen
100 g/min Flocken

Dauerlauffester,
energiesparender
150-W-Permanent-
magnetmotor.
Langlebig, robust, leicht
platzsparend, preiswert
und ausbaufähig.

In Ihrem Fachhandel

Info anfordern bei:
Messerschmidt
Hausgeräte GmbH
Ortinstraße 5
78126 Königsfeld
Tel. 07725/3065
Fax 07725/2796

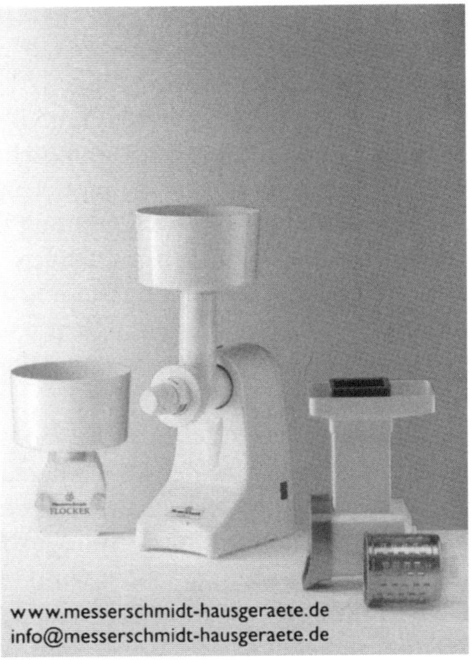

aethera®

Ganzheitlich handeln und heilen

aethera® möchte Menschen helfen, ganzheitlich zu handeln und zu heilen. Für alle Lebensbereiche, die unsere Gesundheit betreffen, sei es im körperlichen, im seelischen oder im geistigen Sinne, bietet **aethera®** Ratgeber an, die vor dem Hintergrund der Anthroposophie neue Wege weisen. Denn Gesundheit gibt es heutzutage nicht umsonst: der Mensch muß sich immer mehr selbst orientieren und sich letztlich auch selber weiterhelfen. Die Medizin, gerade wenn sie ganzheitlich orientiert ist, kann dann Hilfe zur Selbsthilfe sein.

So heißt das Leitmotiv des **aethera®**-Programms: Die heilenden Kräfte im Menschen stärken, die Bildung des eigenständigen Urteils unterstützen, die Initiativbereitschaft von Patienten und Verbrauchern fördern.

aethera® kommt aus dem Hause Freies Geistesleben und Urachhaus in Zusammenarbeit mit der Heilmittelfirma WELEDA und der Patientenvereinigung Verein für Anthroposophisches Heilwesen. Die am **aethera®**-Programm Beteiligten hoffen, daß die hier erscheinenden Bücher möglichst vielen Menschen Ratgeber und Helfer sein werden.

Helga Heller-Waltjen

Ganzheitliche Kosmetik

Der Ratgeber
aus anthroposophischer Sicht
151 Seiten, mit zahlreichen
Abbildungen, kartoniert

In diesem ersten Ratgeber zur Naturkosmetik aus anthroposophischer Sicht gibt die erfahrene Kosmetikerin Helga Heller-Waltjen konkrete Empfehlungen, welche Art der Hautpflege im Sinne eines ganzheitlichen Verstehens von Mensch und Natur hilfreich und sinnvoll ist.

Dr. med. Lüder Jachens

Hautkrankheiten

ganzheitlich heilen

Der Ratgeber
aus anthroposophischer Sicht
195 Seiten, mit zahlreichen
Abbildungen, kartoniert

Dieser Ratgeber zu Hautkrankheiten zeigt vom Standpunkt der anthroposophisch erweiterten Medizin, welche Art von Selbstmedikation möglich und welche Behandlung durch den Arzt nötig ist.

aethera®

Dr. med Jürgen Schürholz
Dr. med. Michaela Glöckler
Dr. Robert Kempenich
Dr. med. Olaf Titze

Für eine neue Medizin

Antworten auf drängende
Fragen zum Gesundheitswesen
Hrsg. Klaus B. Harms
175 Seiten, mit zahlreichen
Abbildungen, kartoniert

Vier Gespräche vermitteln ein klares und persönlich engagiertes Bild davon, was eine anthroposophisch erweiterte Medizin zu den Grundfragen unseres Gesundheitswesens zu sagen hat.

Markus Sommer

Die natürliche Reiseapotheke

103 Seiten, mit zahlreichen
Abbildungen, kartoniert

Wer Naturheilmittel schätzt, wird auch auf Reisen nicht darauf verzichten wollen. Die anthroposophische Medizin bietet viele bewährte Präparate, mit denen man die meisten Krankheiten, die unterwegs auftreten, vermeiden oder wirksam behandeln kann, soweit dies durch Selbstmedikation möglich ist.

aethera®

Dr. med. Bartholomeus Maris

Sexualität – Verhütung – Familienplanung

Methoden, Entscheidungshilfen,
Vor- und Nachteile
Ein Ratgeber aus ganzheitlicher Sicht
141 Seiten, mit zahlreichen
Abbildungen, kartoniert

Wird über eine geeignete Methode zur Schwangerschaftsverhütung nachgedacht, steht die Frage nach ihrer Sicherheit meist an erster Stelle. Wer jedoch von Anfang an neben der Zuverlässigkeit auch mögliche Auswirkungen auf Sexualität, Partnerschaft und Familienplanung in seine Überlegungen einbeziehen möchte, findet in diesem Ratgeber eine unentbehrliche Hilfe.

Christina Kiehs-Glos

Iris

Eine Heilpflanze
verwandelt das Wasser
96 Seiten, 85 Farbfotos,
gebunden mit Schutzumschlag

Die Iris ist in der Naturgeschichte ein leuchtendes Beispiel dafür, daß die «Intelligenz» und Schönheit der lebendigen Schöpfung sich nicht nur dazu anbietet, vom Menschen aus wirtschaftlichen und ästhetischen Gründen kultiviert zu werden, sondern ihm auch die Möglichkeit bietet, aus ihr eine neue Erkenntnis abzuleiten, mit deren Hilfe er die Welt und sich selbst geistig zu erfassen lernt.

aethera®